靖国神社に異議あり

「神」となった三人の兄へ

樋口篤三

同時代社

靖国神社に異議あり／目次

第二部　靖国神社に合祀された三人の兄

【3】西郷隆盛と王道のアジア主義——西郷は征韓論に非ず——

命も名も位も金も要らず／人民史観・井上清の失敗作／「代表的日本人」と西郷の役割／「西郷首相」の衣食住／「ひどく惚れこんでおります」／天下に恐ろしい二人／西郷は「征韓論の巨頭」か／安宇植—日本人の西郷論をこえたもの／征韓論と同盟論の系譜／征韓論の「先駆者」木戸孝允と長洲派／西郷と大院君が会っていたら——／朝鮮側がこだわる根拠／再び、朝鮮こそが日本の試金石／毛利敏彦の画期的研究／勝海舟の西郷観——英雄は英雄を知る

まえがき――「神」となった兄とわが戦友たちへ

昭和17年、土浦市・亀城公園にて。左より利一（次男）、栄助（五男）、篤三（六男、筆者）、慶治（四男）、純三（三男）。

私の兄たち三人が戦死した年齢は、三男純三が二一歳、四男慶治二〇歳、五男栄助が一九歳、合計して六〇歳である。兄たちを見て私も当時「人生二〇年」と決意した。土浦海軍航空隊に入隊したが、十七歳の時に敗戦となった。そして運よく生き延びて七七歳となった。三人の兄の人生をはるかに長く生きたのである。

心はすでに神に――わが兄の便り

慶治は第一航空艦隊所属の索敵偵察機乗務員で、北はアリューシャンから南はガダルカナル作戦に従軍し「サイパン島方面」で戦死した。彼はそのだいぶ前から死を覚悟していたらしい。

私の実家は静岡県・沼津市にある。そこには当時の慶治の写真とともに、母・りゅうがＮＨＫラジオ放送で行った「口演」記録

昭和20年6月、戦友とともに。右篤三。

を報ずる新聞記事が残っていた。母は「少年飛行兵の母として」息子を「御国」に捧げた決意をそこで語ったのである。「愛児を航空決戦へ――荒鷲の母が電波で呼びかけ」(「朝日」一八・九・二二) とあった。(本書141頁参照)

十九歳の慶治は母あてのハガキでいう。

「マスコットなんて洒落たものはお母さんいりません。心がすでに神そのものです、空にばかりいると身体も人間ばなれしてきます。犬死はしませんからどうかその点は安心して下さい」

十七歳の五男栄助について、母は記者の質問に答えている。

「『お母さん今度僕達が帰ってくる時はきれいになって帰ってきますよ』というので『きれいになって?』と聞き返しましたら『桐の小箱に入って靖国行きですよ』と反対に子供に教へられました」

(「静岡新報」昭和一八・九・二二)

十八~九歳の若者たちが、「必ず戦死する」→「神になる」→「靖国神社に行く」と信じ、散華していったのである。

戦後、私は江田島・海軍兵学校、知覧(鹿児島)陸軍特攻隊、土浦海軍予科練跡の三つの記念館を訪ねて多くの遺書をみてきた。雄々しい写真と共に父母にあてた手紙とくに遺書は今日でも胸をつくが、とくに若い十代の兵士たちのが最も直截純粋のものが多い。
少年なので社会生活を知らず、人生の欲得、立身出世の道を一切断ちきり、「天皇＝お国のために戦い、死す」心境に達していたからである。その道は「靖国神社」に直結し、「神」に一体化した人生であった。私もそうであった。

必ず吹くと信じた「神風」は吹かず「八月十五日」となった。信じられないことであった。敗戦直後に驚いたことはいろいろあったが、東条首相が自殺に失敗したという報道もその一つだった。自らの名で公布した「戦陣訓」には「生きて虜囚」となってはならないとあった。天皇は口を拭ったように「人間宣言」をした。私の価値観はガラガラと崩壊していった。
「人は何の為に生きるのか」。必死の思いで学んだ。聖戦、八紘一宇、アジア解放と信じていた日中・大東亜戦争が、帝国主義侵略戦争だったということを知った。これは新たな人生の分岐点となった。

三回のガン手術を乗り越えて

戦争中の海軍生活も、戦後の革命青年になって以後も、私は激しく生きてきた。価値観は一八〇度変わったが、「不惜身命」「命も地位も名誉も金もいらない」生き方をわが人生のあり方として生き、闘い、働いた。もとより聖人君子に非ず。酒も三六五日よく呑んだが。

四年前に食道ガンで一七時間の大手術をやった。大部屋で原稿を書き、手術後の静養期に書いて仕上げたのが『めしと魂と相互扶助』（第三書館、日本労働ペンクラブ賞）であった。昨年（二〇〇四年）、そのガンが転移して三回入退院を繰り返した。再び訪れた人生の「休養」期に、今度は戦後六〇年間の懸案だった原稿を仕上げ出版した。戦死した三人の兄について記した『恒久平和の礎に――土中の骨、海中の白骨への鎮魂歌』（私家版）がそれである。姉・吉見和子の小説「アカネ色のマスト」もそこに収録した。ガンはいい「休養」を与えてくれ、予定外の本が二冊できた。私家版の方は部数も少なく、すぐに無くなってしまったので、親しい川上徹氏と相談し、いったんは増補改訂版を出すことにした。

だが、その編集方針はたちまち大転換することになった。きっかけは二〇〇五年五月、連休中に、私の地元（埼玉県・新座）の「憲法を読む会」の人々と靖国神社に行ったことである。遊就館（戦争展示館）は初めてだった。改築されて展示物もふえたらしいが、「一九四五年八月十五日」で時間がとまっていた。そこには「大日本帝国」がそのままあった。

小泉首相を先頭に、彼を「右」から支え、その前へ前へと突き進む若き日本型ネオコン――岸信介を大尊敬する安倍晋三、中山文科相らと同根の思想が館にみちていた。戦中体験と戦後六〇年の平和と民主主義のための闘いと体験が私の血を逆流させた。

かくて当初の私の構想――私家版の増補本を出そう――は大幅にかわった。その結果が本書である。

つまり、本書第二部は大筋では私家版の再現（紙幅の関係で残念ながら「アカネ色のマスト」の収録は割愛させてもらった）であるが、第一部と第三部が付け加わったのである。第二部の体験が、私に第一部と第三部を書かせた。現在の私の思想と認識を、兄たちに正直に報告しなければならない。

靖国に参る人拒否する人

戦争中、靖国神社は帝国陸海軍の管理下にあり、一体であった。靖国の遺族といまなお参拝する多くの人々に三つの層があると思う。

第一は、「日支事変」「大東亜戦争」をいまも正義の戦争と見、A級戦犯もひとしく殉難者とみる人々。

第二は、戦前の帝国主義侵略戦争を否定し、A級戦犯たちを「昭和殉難者」としてまつることを拒否し、靖国神社参拝を拒否する人々。

予科練での私の先輩・角田和男（五期）は言う。

「靖国神社で会おう」と死んでいった人たちとの約束があるので私は靖国神社にお参りを続けている。案内の通知を出したり、直接お目にかかったとき、遺族から「戦犯をまつっているところには行かない」と拒否されると、どう答えていいか分からない。それでも、気持ちは理解できる。

（「等身大の予科練」常陽新聞社）

第三の大多数の人々は「戦友と誓いあった靖国」「死者を葬る神社」への素朴な参拝者であろう。私の一文は主としてこの第三の人々に向けられたものである。ぜひ対話・交流を望むものである。ガン細胞がひそむ中で渾身の力をこめたこの「靖国の思想」批判は、尊敬する西郷隆盛や勝海舟の志を今に生かす私流「天の思想」「敬天愛人」にどこかでつながる（と信ずる）心の叫びである。

A級戦犯は日本国民の問題でもある

戦死者をまつりとむらうこと、祈ることはどこの国でもやることであろう。

が、A級戦犯をこっそりと合祀して以来、靖国神社はその性格を変えた。以来、昭和天皇も現天皇もいちども参拝していない。なぜこの事実について小泉・安倍らはみな口をつぐむのだろう。そして「首相参拝」を大合唱するのだろう。彼らはまったく正直でない。天皇参拝を公然と主張しているのは石原慎太郎ぐらいである。

A級戦犯は、二〇〇〇万人以上のアジア民衆を一方的に侵略して殺傷した加害者の張本人である。同時にA級戦犯は、日本の軍民に「戦陣訓」を強要して二三〇万人もの命を奪った者たちである。そしてA級戦犯は、その双方への罪の意識と反省を全く欠いた者たちである。彼らが韓国や中国から糾弾されるのは当然として、本来、日本国民が自らの問題として対応することが問われているのだ。

大虚構のかたまりの靖国神社への首相らの参拝は、戦死者、餓死者への冒涜である。せめて沖縄の平和の礎《いしじ》なみにつくりかえるべきである。特権階級を一切認めない無名戦士の礎（墓）こそもっともふさわしい、と信ずる。

「神となった」兄たちよ、もって瞑せよ。

第一部

靖国神社——国家・陸海軍による虚構の大装置

【1】戦争末期の靖国神社

最期のよりどころ

靖国神社は、一八六九年（明治二年）に東京招魂社として創建され、一八七九年に靖国神社と社号を変えたが、その歴史上で「靖国の思想」「靖国神社信仰」が最高に達したのは、一九四三年（昭和一八年）～四五年頃といわれる。

四三年は大東亜戦争といわれたアジア太平洋戦争で、日本軍が完全に守勢に転じ、敗北あいついで戦没者が激増しはじめた時であった。同社には合計二四六万六、五三二人が合祀されているが、そのうち一五年戦争だけで二三二万強、約九割に及んでいる。その大半が一九四三～四五に集中した。

緒戦の大戦果と連戦即決勝利論は、四二年の海軍ミッドウェー、翌年の陸軍ガダルカナル島の大敗で吹きとび、日米の軍事的力関係は完全に逆転する。連合艦隊司令長官山本五十六大将は、東条首相以上に国民の人気があるといわれたが、暗号を解読されて撃墜死し、形勢不利の印象を強く与えた。

全員玉砕（アッツ島）は開戦後はじめてであり、難攻不落を豪語し戦略の要とされたサイパン島のあっけない陥落とつづく中で、多くの将兵は自らの死が近づいてきたことを予感した。「靖国の神」は、その多くの将兵に最後の心のよりどころとなったのであった。

クダンザカの歌

昭和戦争文学全集5「海ゆかば」（集英社）は解説・鶴見俊輔、年表・橋川文三が担当し昭和三九年に発刊された。緒戦の優勢だった頃の吉川英治「南方紀行」にはじまり、収録された一二編の最後は中山義秀「テニヤンの末日」、菅野静子「サイパン島の最期」である。

菅野は当時十七歳。テニアン島で生れサイパン島の水産会社に勤務中に米軍が上陸、そのさなか陸軍特別志願看護婦となり、次々と自決する兵士の中で自らも手榴弾で自決したが米軍に助けられ奇跡的に生き残った。「この勇敢な〝女戦士〟のヤマト・ダマシイに強く心を打たれた」とニューヨーク・ヘラルド・トリビューン紙に（七・二五）紹介された。菅野の記録は敗戦一四年後の一九五九年に書かれたものだが、死にゆく兵士と靖国神社の絆が生々しく描かれた稀のものである。

月がでた。蒼い月光にぬれて擂り鉢のなかはいっそう凄惨にみえた。

「カンゴフサン」

月があかるいので、若い将校だということがわかった。どこをやられているのか、軍服が全部血にそまっている。この人は、もう四日も五日もなにも食べていない。死の迫っていることは、私の目にもわかった。しかし、さすがに将校だけあって、なにか凛としたものを持っているようであった。

「兵隊サン、なに？」

私はそばへ行ってひざまずいた。

「カンゴフサン、クダンザカノウタ……シッテルカ？」

「ええ、しってるわ。私のだいすきな歌よ」

「……ウタエルカ？」

「ええ、歌えるわ。歌ってあげましょうか」

若い将校は、歌ってくれとまでいう気力はないようであった。それを察して、私はちいさな声で歌った。

上野駅から　九段まで
勝手しらない　じれったさ
杖をたよりに　一日がかり
会いに来たぞよ　九段坂……

若い将校は、じっと月をみている。
「もうひとつ歌いましょうね」
　空をみるよな　大とりい
　こんな立派な　おやしろで
　神と祭られ　もったいなさよ
　母は泣けます　うれしさに
「まだしってるわ」
　鳶《とび》が鷹の子　生んだよに
　今じゃかほうが　身にあまる
　金鵄《きんし》勲章が　見せたいばかり
　母はきたぞえ　九段坂
あたりからすすり泣きの声がおこった。ハッとして振り返ると、いつの間にきたのだろう。隊長さんも軍医さんも、私のすぐうしろに立ってきいていた。隊長さんの目に涙のひかっているのが月のひかりでみえた。若い将校の目にも涙があった。
「オレたちは靖国神社へいくんだな」
「そうだ、みんなで靖国神社へゆこうよ」
そんな声が兵隊さんたちのあいだから聞こえた。みんな泣いている。

……
そのときである。バーン、バーンと手榴弾の炸裂する音が、擂り鉢のなかのあちこちでおこった。同時に、子の名をよぶ声、妻の名をよぶ声、「お母さん、さよならーッ」とさけぶ声、……それが炸裂音にまじっていっせいに起こった。パッパッと火花が散る。

擂り鉢のなかの手榴弾の音は、まだつづいている……。（前記「海ゆかば」に収録）

死ぬ時は「天皇陛下万歳！」を叫んで息たえていく、とよく言われるが、それはわずかで、「お母さん」や妻や子の名が反射的に叫ばれたことがこの記録文学にもよく出ている。

「靖国の思想」――三つの問題点

靖国神社・遊就館には「大日本帝国」が「靖国の思想」としてそっくり生きていた。私は次の三点を改めて痛感した。

第一は靖国神社の源流、原型について。

第二は「合祀祭神」中で「大東亜戦争」による二一三一三二、九一五柱のうちの約六割は、「名誉ある戦死」にほど遠い「悶死」した餓死者だったのに、その責任は当時もその後もあいまいにされ、誰一人として責任をおう指導者はおらず、その相互が「神」となっている事についてである。

第三に、靖国史とは、明治八年の江華島砲撃いらいの侵略の歴史そのものである。したがって、この歴史をどうとらえるかは、朝鮮、中国、ベトナム、フィリピン、シンガポール、インドネシア等東アジア諸国民衆に対する人間としての道徳が問われる問題である。日露戦争百年を期して発行された、カラー刷りの豪華な図録「日露戦争百年」（遊就館・靖国神社発行）には、「日露戦争と大東亜戦争は同じ」「白人帝国主義のアジア侵略から、アジア諸民族を守った正義の戦争」であったと書かれている。

靖国信仰は、私の兄たちの生死観と一体だった。戦死を覚悟した日本軍の百万～二百万人将兵達の最期の心のよりどころであった。かつてその一人でもあった私は、戦後六〇年をへて、いま根本から「異議あり」といわざるをえない。

高橋哲哉（東大大学院教授）の「靖国問題」（筑摩新書）は、五つの問題点にしぼって分析を行っている。

（一）感情の問題――追悼と顕彰のあいだ
（二）歴史認識の問題――戦争責任論の向うへ
（三）宗教の問題――神社非宗教の陥穽
（四）文化の問題――死者と生者のポリティクス
（五）国立追悼施設の問題・問われるべきは何か

私の問題意識と重なり、学び共感するところも多い。だが彼と私は二八歳の違いがあり、人生体験の違いがある。

私は最後の戦中派で海軍志願兵だったし、戦後六〇年の反戦平和運動と「民主革命・社会主義と労働運動」の長い闘いの複合の中でつちかってきた自前の思想と道徳観がある。したがって靖国観も共通項と共に独自のものをもってきた。それらをこれからのべてみたい。

靖国神社と沖縄の平和の礎《いしじ》

明治維新前後の内乱	七七五一名
西南戦争ほか	六九七一名
日清戦争	一万三六一九名
台湾出兵ほか	一一三〇名
北清事変（義和団事変）	一二五六名
日露戦争・韓国鎮圧	八万八四二九名
第一次世界大戦・シベリア出兵など	四八五〇名
済南事変（山東出兵）など	一八五名
満州事変など	一万七一六一名
日中戦争	一八万八一九六名

太平洋戦争　　二一三万三六五一名
　合　計　　　二四五万三一九九名
（最近の靖国神社側の資料では合計二四六万余名となっている）
（大江志乃夫『靖国神社』岩波新書）

「東京の九段にある「靖国神社」は、世界各国の戦没者慰霊施設に相当するわが国の慰霊施設です。……ここに、おまつりされている方の中には、幕末の「安政の大獄」等で犠牲になった吉田松陰、坂本龍馬、高杉晋作。近くは大東亜戦争の末期の沖縄戦でなくなった「ひめゆり」、「白梅」の女子学生部隊、そして、対馬丸に乗船して九州に疎開（避難）の途中で撃沈され、一四〇〇余の幼い命をうばわれた学童達もまつられております。靖国神社は、明治維新以来の全戦没者・英霊のみたま（魂）をおまつりしている戦前・戦後を通じてのわが国の戦没者追悼の中心的施設であり……」

これは遊就館におかれている「英霊にこたえる会」（平一六・六、事務所は遊就館内と九段会館気付の二つ）のチラシの説明文である。

だがこの説明は事実に全く反している。「明治維新以来の全戦没者」となっているが、西郷隆盛をはじめ西南戦争の西郷軍、戊辰戦争の会津藩など奥羽列藩同盟の戦死者は「賊軍」として合祀をこばまれ、いまもそうである。靖国神社は、各戦争の敵国人はもとより、同じ日本人でも「天皇の官軍」と戦った「賊軍」の死者は祀らないのである。二〇〇〇万人に及ぶアジアの人々を殺傷し、日本軍民三一〇万人を死なせた加害推進号令者としてのA級戦犯が合祀されていることの問題性は言うまでもない。

靖国の前身の東京招魂社は、「朝廷軍＝官軍」として薩・長・土・肥軍等のみをまつり、したがって例大祭も、官軍勝利の日として伏見戦争記念日（一・三）、上野戦争（五・一五）、函館戦降伏日（五・一八）、会津藩降伏日（九・二二）としたのであった。

十年前の大田知事時代に建てられた沖縄の平和の礎《いしじ》は約二〇万人におよぶ日本人の軍と市民はもとより朝鮮人、台湾人そして米軍などの「敵兵」も、沖縄戦で亡くなった人間としてひとしく祭られている。それでもこの碑は、新崎盛暉が指摘したように、朝鮮人の実数があまりに過小に扱われている問題点をもっているのだが。

最大の問題は、朝鮮人戦没者の扱いである。沖縄には、戦争中、いわゆる軍夫が一万人以上、慰安婦が千人以上朝鮮半島から連行されてきたと推定されている。……だが、朝鮮人戦没者で名まえのわかっている人は、厚生省の名簿にある四二一人だけだという。……それに強制連行された軍夫や慰安婦の遺族が刻銘を歓迎するとはかぎらない。沖縄の遺族でさえ、何を今さら、とか、加害者も被害者も一緒にするのかという声がある。（「平和の礎」問題を考える――論点〉「けーし風」）

【2】招魂社——なぜ西郷隆盛や白虎隊を排除したのか

怨の会津戦争

明治維新で逆賊の中心とされた会津では、戊辰戦争の終戦記念日（一・二三）から三日間を「会津白虎隊まつり」とし、毎秋盛大に挙行されてきた。明治維新から百二十余年がすぎた「現在でも会津では『戦争』というと、太平洋戦争のことではなくて、いまだに戊辰戦争のことをいうことが多い」。会津史学会会長・宮崎十三八による「会津人の書く『戊辰戦争』」（「新潮45」一九九二年）は、「戦争」についてこう言う。ここで宮崎は薩長明治政府への告発糾弾、「怨」の思想を吐露している。彼は祖父から父へと語りつづけられた話を何度も聞いて育った。

慶応四年八月二十三日、若松城下に襲いかかった薩長土肥の西軍は、土佐兵を先頭に城下の各町に殺到した。銃砲弾が激しく飛んだ。抵抗する会津兵はもとより、武士、町人百姓、老若男女の別なく、町の中にいた者は見境いなく斬られ、射ち殺され、或は砲弾の破片に当って死んだ。

町は蜂の巣を突く騒ぎとなった。

戊辰戦では一ヵ月の籠城中、城外の戦闘は各地で激戦だったので、戦死者の遺体（殆ど会津側）は累々と放置されたままであった。

それが戦後になっても、「賊軍の死骸は手をつけるな」という新政府軍の厳しい命令だったから、千数百（註・武士と住民の実数は二九七七人）の遺体は犬鳥の餌となるだけであった。敗ければ賊軍、無惨なものである。せめて少年たちだけは埋葬してあげたいと飯盛山近くの百姓吉田伊惣次が自決した白虎隊十九士のうち、四体だけを近くの妙国寺という日蓮宗の寺に埋葬したら、直ちに捕縛、投獄された。吉田は仕方なく四体を元の飯盛山へ放置してくるのを条件に放免されたという。

明治政府側はもちろんこの対極にある立場であった。

明治元年の春、奥羽や北越の諸藩は、天皇の命令に反抗したため、天皇は激怒して、大宰帥と兵部卿は北陸から、太宰帥は東海から攻め入って、賊徒を平定していった。そして秋九月には、両親王は会津で合流し、若松城を包囲して、これを攻撃し、ついに落城させた。しかしながら、官軍の戦没者も多かった。そこで、彼らの遺体をこの地に埋葬し、石碑を建立して、そこに概略を記し、天皇のために戦った、忠義の若者たちがいたことを、後世に伝えたいと思う。（今井昭彦「国家が祀らなかった戦死者――白虎隊士の事例から」『新しい宗教施設は必要か』国際宗教研究所編、ぺりかん社）

「激怒した」という明治天皇はこの時にまだ十六歳の少年である。また二人の親王は名目のみで、土佐の板垣退助の戦略的提案を受け入れ、実際の指揮は長州の山県有朋らであった。天皇史観が完結したのちの記述である。

輝く会津白虎隊――九〇年後も

昭和三十二年（一九五七）は、戊辰戦争九十年祭を盛大に執行した。会津若松市では、市長名で全国の著名人に「会津白虎隊九十年に思う」と題して御意見を賜わりたいと往復ハガキを出した（百通発送し四七通の寄稿があった）。
「白虎隊自刃の哀史はけなげにもいたましい限りであります。文明とは全人類があいう悲愴な事件を引きおこさないような生き方を設計してゆくことだと思います」（渋沢秀雄）
「白虎隊に就いて感ずることは、白虎隊と言えば死難におもむく少年の姿が思い出されます。当時の道徳観からすれば当然且つ必然の行為と思われるが、かかる犠牲を出さなくとも、時代の流れを処理する方法はなかったものか、と思わしめます。然し少年の心意気には打たれるものがある」（浅沼稲次郎）
「白虎隊の悲壮な物語は、私の子供、私の青年の当時の若い血潮をたぎらせたものです。六十年の老生となった今日の私の心も当時の感激と少しも変りありません。かくして一言でも忙しいなかで書きたいと思うのも、それがためです。白虎隊の事蹟は、当時の社会道徳の上から、最高しかも悲壮な行動であったからこそ私の生涯を通じて、かくも強く私の心をとらえているからだと思います。将来どのような社会状態となっても、白虎隊の物語は永遠に吾々の子孫にのこりましょう」（鈴木茂三郎）

この往復ハガキは、岸信介（長州）、吉田茂（土佐）にも出したが、返信はなかった。浅沼稲次郎、鈴木茂三郎の社会党幹部お二人からこんな素晴しい返信がくるとは思ってもみないことだった。ちなみに浅沼刺殺事件は三年後の昭和三十五年十月である。あの頃の社会党にはこんなに立派な人材がいたのである。本当の政治家の姿をここに見た感じがした。

岸は当時首相だった。万事にソツがない彼も「維新の古傷」にはふれたくなかったのであろう。

一方、山本周五郎、安部能成、高浜虚子らと共に浅沼、鈴木という社会主義者が、道徳観から白虎隊を評価したことは、注目すべきである。

会津は、この百三十余年間にわたって「官軍」「朝廷軍」とは決していわず「西軍」（新政府軍）、「東軍」（奥羽軍）で通してきた。

また維新百年祭の昭和四三年（一九六七）に、山口市青年会議所から「すでに戦後百年の歳月が経過した。お互いに古い感情を洗い流して姉妹都市に」という提案を会津側は「まだその時期に非ず」とお断わり。百二十年祭に際して萩市から会津若松市との姉妹都市締結案も、承諾しようとした市長は同年の市長選に敗れ、新市長は「丁重に断わった」。

いまから三年前、二一世紀に入って実に一三五年余ののちようやく交流を始めたという。（市教育委員会の話）

維新革命のトップ・西郷隆盛

西郷隆盛と西郷党を靖国から外したことも論外といえよう。その藩閥根性丸出しをうけいれた「招魂」社は仁義人道の道におよそはずれている。

東京招魂社創立と同じ明治二年（つまりセットで）戊辰役の賞勲が実施された。岩倉具視、大久保利通中心に論功行賞を行ったが、武人筆頭は西郷で正三位・二千石、大久保と長州・木戸孝允が従三位一千八百石、大村益次郎一千五百石、前原一誠、山県有朋が六百石、土佐・板垣退助、薩摩の吉井友実、伊地知正治が一千石、桐野利秋二百石など。

皇族は、有栖川宮は大総督でありながら一千二百石、仁和寺宮一千五百石など、西郷ら実際の指揮官より下つまり名儀だけの最高指導者だったことを反映している。天皇制の成立過程をみる思いである。

明治維新三傑——西郷、大久保、木戸とはこの賞典基準からも世評が呼んだのであった。

「西南戦争六、九七一柱」とは大久保政権ともいわれた政府軍（六〇、八三八人）のみで、西郷軍総計約三八、〇〇〇人中の戦死者七、二七六人（うち鹿児島出身者六、四六七人）、降伏後の処刑二、七六四人、死刑二二人、獄死四七人は「賊軍」として一切「靖国の外」なのであった。

西郷は明治天皇が最も魅力を感じた人（ドナルド・キーン）といわれるが、「大西郷」をたたえる人士はつづく。勝海舟は一八七九年（明治十二）七月、西南役から二年後、独力で西郷記念碑をたてた。七年後に、海舟は、隆盛の遺児寅太郎を明治天皇に引き合わせた。

一八八九年（明治二十二）、憲法発布に伴った大赦で西郷の「罪」は許され、「名誉回復」されて正三位に復した。これらの経過にもかかわらず、西郷とその一党は靖国に合祀されなかった。なぜか。

靖国神社は一九四五年の敗戦まで帝国陸海軍の管理下にあった。明治政府とくに陸軍を支配しつづけた長州藩閥の中心者だった山県有朋らの意向だったのか否か、その是非を含めて納得のいく説明はない。

儒教道徳の抹殺と西郷の「敬天愛人」

西郷や白虎隊などを靖国から排除しつづけた陸軍が主導した「靖国の思想」の根源には、明治政府の内外政策を貫いた欧米覇道のあと追いの道があり、東洋道徳――幕末までの日本に根づき、とくに西郷が体現した王道、東洋の仁義道徳をすてさった「政治と道徳の貧困」があった。

明治維新の志士たちの多くは儒教・陽明学であった。横井小楠、橋本左内、吉田松陰、西郷隆盛、大久保利通、河合継之助らであるが、これは明治政府下でヨーロッパ文明に急激にとってかわられたのである。西郷は熱烈な陽明学徒として「致良知」「敬天愛人」を貫いた。奥羽戦争で、拠点の会津は勇戦敢闘したが、九月二十二日降伏、庄内藩は二十七日に降伏する。

幕末、庄内藩は薩摩による幕府挑発への返答として、三田の薩摩藩邸を包囲し焼討ちし全焼させた。こうした因縁から、会津皆殺し戦をみた庄内藩は覚悟するが、西郷は敗者に屈辱を与えぬよう異例の厚遇をする。薩摩軍の隊長らが不審がると隆盛はいった。「敵となるも味方となるも、一に運命によるものだ。すでに帰順した以上は、もう兄弟も同然ではないか。尊大にかまえて敵視するのは誤りである」と。

感激した庄内藩は、藩主酒井忠篤ら七十余人が明治三年一月にはるばる鹿児島を訪ね、百日余滞在した。西郷に師事し、その時の言動を菅実秀らがおこしたのが「南洲翁遺訓」であった。

西郷の敬天愛人の思想の適用が、この庄内藩への扱いであり、函館戦争で降伏した榎本武揚を即刻打首を主張した長州をおさえ、断平として釈放させた黒田清隆は、尊敬する西郷思想を実践したのである。——のちに二代目首相となった彼は江華島事件（明治八年）頃から大久保直系で動き、西南役では政府軍についた。が、西郷自刃後は吉井友実らと「名誉回復」に動いたのである。

明治維新革命の頂点は、何と言っても西郷—勝海舟の江戸城無血開城の離れ業にあった。それは、新政府軍にとって勝は賊軍の陸軍総裁であったが、西郷がかねてから勝の思想と政治観を深く尊敬し、人間性を全幅的に信頼していたからこそ実現したのであった。

勝は西郷逆賊論のうずまく明治十二年、西郷記念碑を独力で作って記した。

「……ああ君よく我を知れり、而して君を知る亦我に若くは莫し」。その晩年海舟は、西郷は征韓論に非ずといいつづけた。

西郷はいくたびもの辛酸をなめ死地に直面する中で、天の思想、敬天愛人、仁・勇・知の政治と道徳を自らの内部に形成した。それが明治政治と建軍の思想として貫徹したならば、日本は王道を歩む国家として朝鮮や中国、アジア諸国と人民に道徳的知的ヘゲモニーがうけいれられ心からの同盟国家として並び立ったであろう。

招魂社から靖国神社への道も、戦《いくさ》の死者を公平にとむらう別の「カミ」となったであろうが、現実は全くその逆となった。

原点の決定的誤まり

長州閥のヘゲモニーによって満開した思想・政治・軍事そして道徳は、国内では階級支配とミックスした特権階級化を生み、それは指導者の腐敗のはじまりとなった。それはまた、差別・抑圧社会として官権と民権の二つに社会を引き裂いた。その核心は、国外では欧米帝国主義に追いつき追いこせとする後発帝国主義国と化したことであった。一時的には成功したかのようにみえたが、やがて滅亡―亡国家を結果したのである。国家は滅びても自然と社会と人間は生きのこった。招魂社―靖国神社の原点そのものが根本的に誤まっていたのであった。

明治天皇の名は睦仁、大正天皇は嘉仁である。つまり儒教道徳の「仁」こそ最高の徳であり、理想の「堯舜の政治」の核心というとらえ方から天皇の名前にとりいれられた。その仁はいろいろ解釈があるが「愛」が核心である。そこには差別はないはずである。死者の招魂から西郷や白虎隊は排除したのは、明治天皇という「タマ」をかついだ（木戸孝允）藩閥長州派中心の思想と政治にこそ問題があったのである。

日本の中世・近世には、外国軍との戦争においても怨親平等の弔いがあった。「日本人」同士の戦争においては、そうしたケースはもっと多く確認できる。平重盛の柴金山弦楽寺、藤沢清浄光寺（遊行寺）の敵御方供養塔、足利尊氏の霊亀山天龍寺、足利尊氏・直義兄弟の大平山安国寺、北条氏時の玉縄首塚、等々。「日本においては中世以後、戦争で勝利をえた武将は、戦後かならずといっていいぐらい、敵味方戦死者のための大施餓鬼会を催し、敵味方供養碑を建てている」とさえ言われるのだ（圭室諦成『葬式仏教』大法輪閣、〈高橋哲哉「靖国問題」より引用〉）。また、高野山の墓地には、織田信長と明智光秀の墓が共存している。

キューバ革命は、革命後の革命記念日（七月二六日）の十万人集会に、革命で戦死した遺族が招待されたが、同時に敵として殺しあった反革命軍兵士の遺族も招待され同席していることを、作家堀田善衛は驚きと共に感嘆したことを「キューバ紀行」に記している。

靖国神社は日本の中・近世のあり方や、キューバ革命のモラルにはるかおよばないことを、「靖国」派はどう答えられようか。

【3】「靖国の神」の六割は餓死者であった

大量餓死の実態

日中戦争（一九三七〜四五）を含めたアジア太平洋戦争の戦没者は、陸海軍人、軍属、準軍属計約二三〇万名、外地の一般邦人約三〇万名、同内地の約五〇万名、合計約三一〇万名となっている。（厚生省援護局、一九七七年）

藤原彰（一橋大名誉教授）は、元職業軍人で陸軍少佐、戦後東大で歴史学を専攻し、「日本軍事史」（日本評論社）をはじめ「太平洋戦争史論」「日中全面戦争」等、戦争と軍事論で著名な学者である。彼は防衛庁防衛研究所の資料を丹念に分析し、各地域別に推計した病死者と大量の餓死者

（戦地栄養失調症による広い意味をふくむ）は合計一二七万六二四〇名、全体の戦没者二一二万名の六〇％強という途方もない厖大な数であった、と発表した。

「餓死した英霊たち」（青木書店）で彼はいう。

この戦争で特徴的なことは、日本軍の戦没者の過半数が戦闘行為による死者、いわゆる名誉の戦死ではなく、餓死であったという事実である。「靖国の英霊」の実態は、華々しい戦闘の中での名誉の戦死ではなく、飢餓地獄の中での野垂れ死にだったのである。

悲惨な死を強いられた若者たちの無念さを思い、大量餓死をもたらした日本軍の責任と特質を明らかにして、そのことを歴史にのこしたい。大量餓死は人為的なもので、その責任は明瞭である。そのことを死者に代わって告発したい。

が、現実には大餓死状態の責任は誰一人としておわずその真相さえ明らかにされてこなかった。こんな不義が許されていいのか。靖国神社も同罪である。いやその実体をおしかくし責任指導者も厖大な被害者も同じ神扱いで責任をうやむやにした役割をになってきた。藤原教授の著書に対してもただ「沈黙」あるのみである。

だが、餓死の実態は、すでにだいぶ以前から分っていたのである（全体の集計はやらなかったようだが）。

「戦史に学ぶ―明日の国防を考えるために」（朝雲新聞社）は「大東亜戦争」の戦略的誤まりと餓死

の実態を生々しく伝えていた。著者の海原治は警察庁から自衛隊にいき、防衛局長、官房長をへて四二年（一九六七）佐藤政権の内閣国防会議事務局長だった時に、その肩書で発刊し、「名著」として当時評判になったものである。その目次を見てみよう。見出しからも内容が推察できる。「戦史の教える事柄」として「希望的な観念論で　戦争が実施された」「国力を認識しないで　壮麗な空中楼閣を作文した」「願望が目標と定められ　方法論を検討しなかった」「精神主義が一切を支配し　補給の能力は無視された」「既成概念が貴重な戦訓を生かさなかった」「総合的な計画が存在しなかった」「政略と戦略の一致がなかった」「陸軍と海軍の戦略思想が対立していた」「統帥部内の協力も言葉の上だけであった」

ガダルカナル島＝実態と責任

ガダルカナル島は、南太平洋でオーストラリアに近く、ニューギニア島の東方の島である。同島は日米軍の死闘四ヶ月、日本陸軍は戦争開始いらいの惨敗となり退却においこまれた。両軍の力関係の逆転をしめした戦闘であった。

川口少将支隊の「転進」（退却）はまことに悲惨であった。

糧食は九月十三、十四日に喰い尽し、一粒の米もなく、全員絶食の状態で五、六日行軍した。……檳榔子の若芽が唯一の食糧であった。……重い兵器は全部、小銃の半数はジャングル内に放棄した。体力衰え携帯不能となったからである。但し、各人銃剣と飯盒だけは、決して捨てなかった。（海原治「戦史に学ぶ」）

この第十七軍のガダルカナル撤退を指揮したラバウルの第八方面軍司令官今村均大将は、その回顧録「私記・一軍人六〇年の哀歓」（芙蓉書房）で責任の所在を明言した。

五ヶ月以前、大本営直轄部隊として、ガダルカナル島に進められた第十七軍の百武中将以下約三万の将兵中、敵兵火により斃《たお》れた者は約五千、餓死したものは約一万五千、約一万のみが、救出されたのだ。そして自決して責任をとると申し出た百武軍司令官を押しとどめ、次のようにいった。

今度のガ島での敗戦は、戦によったのではなく、飢餓の自滅だったのであります。この飢えはあなたが作ったものですか。そうではありますまい。日本人の横綱に、百日以上も食を与えず、草の根だけを口にさせ、毎日たらふく食ってるかけだしの米人小角力に、土俵のそとに押しだされるようにしたのは、全くわが軍部中央部の過誤によったものです。

これは、補給と関連なしに、戦略戦術だけを研究し教育していた、陸軍多年の弊風が累をなし、既に制空権を失いかけている時機に、祖国からこんなに離れた、敵地に近い小島に、三万からの第十七軍をつぎこむ過失を、中央は犯したものです。

一万五千人の餓死者をだした責任の所在――大本営と実際の作戦部の命令者――を、今村大将・方面軍司令官は明らかにわかっていて指弾したのである。が、それは当時もその後も、いまにいたるまで不問とされ、誰一人として責任をおった将軍も参謀もいない。

餓死直前の日記から

あまりにも悲惨で人類の数多い戦争史でも類例のない大餓死者が、靖国の英霊、神々として祭られる。一〇七人の犠牲者を出したJR西日本の鉄道事故でも大問題であるのに、一二〇万人余という厖大な餓死者を出した当の責任者たちは永遠に免責されるという、これほど支配・特権階級にとってうまい装置があろうか。

けさもまた数名が昇天する。

ゴロゴロ転がっている屍体にハエがぶんぶんたかってゐる……。

このころ、アウステン山に不思議な生命判断が流行り出した。限界に近づいた肉体の生命の日数を、統計の結果から、次のやうにわけたのである。この非科学的であり、非人道的である生命判断は、けっしてはづれなかった。

立つことの出来る人間は、寿命は……三〇日間
身体を起こして坐れる人間は、……………三週間
寝たきり起きれない人間は、……………一週間
寝たまま小便をするものは、………………三日間

ものをいはなくなったものは、…………二日間またたきしなくなったものは、…………明　日

ああ、人生わずか五〇年といふことばがあるのに、おれはとしわずかに二二歳で終るのであらうか。（十二月二十七日）

昭和も十八年になった。だが、おれには、昭和十八年はなん日ある生命であらう。生き残りの将兵全員に、最後の食糧が分配された。

乾パン二粒と、コンペイ糖一粒だけ。全員、北方を望んで祖国の空を仰ぎながら、拝んで食べた。

歩兵第百二十四聯隊旗手小尾靖夫少尉の餓死寸前の日記である。（前掲書）

死を前にしてこの日記を書いた精神力はたいしたものだが、何という悲惨さであろう。靖国の「神々」の実体があまりにも生々しく生きのこったわれわれにせまってくる。

サイパンの最後

「生きて虜囚の辱しめを受けず」という戦陣訓の掟は、軍隊はもとより一般市民にも貫徹された。さきに紹介した菅野静子の「サイパン島の最後」の末尾は、万歳岬に投身自殺していった住民の母と子についてであった。彼女を救った米将校はいう。

「私は昭和十六年まで、日本の大学にいました。しかし、戦争がはじまったので、本国に帰り、志願して軍人になりました。私は日本人を助けるために軍人になったのです。決して日本人を殺すためではありません。それなのに、日本の兵隊さんは、なぜ自分で死ぬのでしょう。私たちが助けようと思ってゆけば、みんな自分で死んでしまいます。私は残念です。戦争のなかにも人道はあります」

菅野の作品の最後を見よう。

海は、月光を映してキラキラとかがやいている。高さ二百メートルほどの断崖、波打ちぎわに、たくさんの死体がうかんでいた。女ばかりである。しかし、どういうわけか、若い女の姿はみあたらなかった。みんな子供の二人や三人はある年齢のおばさんばかりであった。背中と胸に子供をひとりずつ縛りつけたおばさんの死体もあった。

大きな浪がくるごとに、その死体は岩にぶつかり、浪のなかにのまれ、またういてくる。私は、もう涙もでなかった。

「日本の人は、なぜ、こんなに死ぬのでしょうね。かわいそうに……」

私が涙もださないのに、そのアメリカの将校は涙をながしている。私は、ただ、うつろな心でながめていた。すると、その母親の死体からすこし離れたところに、ひとつだけ小さなものが、プカリプカリ浮いたり沈んだりしている。小さな女の児だ。それを見た瞬間、私はワッと泣きだしたくなった。

【4】アジア侵略の歴史と「靖国の神」

戦没年度別合祀祭神数

さきにみた「戦没年度別合祀祭神数」は、十一の戦争をあげている。明治維新と西南戦争は国内戦争であるが、「賊軍」側戦死者はすべて排除されているので実際はこの倍以上である。

満州事変、支那事変は「戦争」ではなく、「事変」となっているが、いずれも日中戦争であり、「大東亜戦争」中も日中戦は激しくつづいた。十五年戦争という呼称の方が実態を反映しているが、当時の政府・軍部はわざわざ違う事変として別扱いにした作為があった。

明治維新以来「大日本帝国」はその形成過程で数年ごとに海外戦争を行って台湾、朝鮮、南樺太、南洋諸島、そして「満州国」等を次々と植民地としていった。アジアで唯一つの帝国主義国となったが、それはたえざる多民族、他国家、原住民に対する侵略の歴史であり植民地帝国の形成過程である。

「靖国神社忠魂史」（一九三五年（昭和十年）発行）は、時の陸海軍官房監修、靖国神社社務所編纂発行の五巻五千頁の大著である。

この著をひもとけば、そこには先の「戦役事変別合祀祭神数」に出てくるような「日清戦争」、「日露戦争」、「第一次世界大戦」、「満州事変」といった大戦争だけでなく、日本軍最初の海外出兵となった一八七四年の「台湾出兵」から、一八八二―八四年の「朝鮮事変」、日清戦争後の「台湾征討」（一八九五年）、韓国併合前後の「韓国暴徒鎮圧事件」（一九〇六～一一年）、台湾先住民制圧のための「台湾理蕃」（一八九六～一九一五年）、「台湾霧社事件」（一九三〇年）、「満州事変」後の「匪賊および不逞鮮人」の「討伐」（一九三一～三三年）など、植民地獲得と抵抗運動弾圧のための日本軍の戦争が、すべて正義の戦争として記述され、そこで死亡した日本軍の指揮官と兵士が「英霊」として顕彰されてきたことが一目瞭然である。（高橋哲哉「靖国問題」）

「聖戦」とされた侵略と植民地支配の為に戦死した兵士は、みな「神」として合祀された。一八七五年二月二一日の招魂式で、「台湾出兵の戦没者」一二名が合祀された（第四回合祀）。一八七六年一月二六日の招魂式で、「江華島事件の戦死者」一人が合祀された（第六回合祀）。一八八二年一一月五日の招魂式で、「朝鮮京城事件」（壬午の変）の「遭難者」一二人が合祀された（第一二回合祀）。一八八五年五月五日、「朝鮮京城事件」（甲申の変）の戦死者六人が合祀された（第一五回）。

続いて、一八九六年五月五日、一一月五日、九八年一一月四日、九九年五月五日、同一一月五

日、「日清戦役ならびに台湾・朝鮮における戦死者」総計一〇二四人の合祀（第二三回、第二五回、第二六回、第二七回）、一九〇〇年五月五日、「暴徒討伐中の台湾守備隊戦没者」一人の合祀（第二八回）。一九〇一年一〇月五日、〇四年五月五日、日清戦役、北清事変および「暴徒討伐中の台湾守備隊戦死者」総計四四四人（第二九回、第三〇回）。一九〇九年五月四日、一〇年五月五日、「韓国暴徒鎮圧事件の死没者」一五九人の合祀（第三五回、第三六回）。一九一一年五月四日、「朝鮮暴徒鎮圧事件の死没者」二七人および「台湾における擾乱鎮定討伐中の死没者」六〇四人の合祀（第三七回）。一九一三年一〇月二二日、一五年四月二七日、「台湾における擾乱鎮撫の際の死没者」総計一三一人の合祀（第三八回、第三九回）。一九二〇年四月二七日、「満州鄭家屯事件の戦没者」一一人の合祀（第四一回）。一九二一年四月二七日、「台湾における擾乱鎮撫の際に死没せる警察官」一三人の合祀（第四二回）。一九三二年四月二七日、「台湾霧社事件の死没者」二八人の合祀（第四六回）。（同）

日本は「暴徒」、韓国では「義兵」

明治六年台湾出兵の指導者は、大久保利通、大隈重信、西郷従道であった。七年江華島攻撃は、大久保政権下の黒田清隆である。江華島攻撃に西郷は激怒した。

靖国神社では、「台湾暴徒」「匪賊および不逞鮮人」「朝鮮暴徒」といい日本軍は「正義の軍」扱いである。日本と台湾とくに朝鮮とは、いらい二つが根本的にくいちがい対立してきた。その歴史観は今日の教科書にいたってもまったく並行線なのである。朝鮮の主張は暴徒ではなく「朝鮮の義兵」である。

国定韓国高等学校歴史教科書「韓国の歴史」(翻訳版、明石書店)は、全九章のうち「民族の独立運動」を一章としているが、その一章前の「近代社会の展開」中に「抗日義兵闘争の展開」がのせられ、その代表的英雄として安重根が大きな写真と共にのっている。

「義兵抗戦の拡大」では、「露日戦争を契機に、日帝は侵略を積極的化すると共に、一方的に乙巳条約(一九〇五年の第二次日韓条約)の締結を発表した。これに対して、「社会の各界各層では日帝の侵略を糾弾」「この時機の義兵組織と活動は全国各地に広がっただけでなく、豆満江を越えて間島と沿海州にまで及んだ」「このとき、義兵はソウル駐在各国領事館に義兵を国際法上の交戦団体として承認してくれることを要求する書信を発送して、自ら独立軍であることを主張した。そして洪範圖と李範允が指揮する間島と沿海州一帯の義兵部隊が国内進攻作戦を計画し、義兵として活躍していた安重根は満州ハルピン駅で韓国侵略の元凶である伊藤博文を処断した(一九〇九年)」

安重根は、いまも朝鮮民族の英雄として国定教科書にのりソウルに銅像がたっている。ちなみに彼は義兵軍中将であり、朝日中三国同盟論者であった。倒された伊藤博文は、明治政権第一の「国づくり」の大政治家として長らく千円札の顔となってきた。

韓国植民地化―「併合」に対して、朝鮮人民の怒りは強く、武装した義兵の決起は次のようであった。（猪木正道「軍国日本の興亡」）

一九〇七	四万四一一六人
一九〇八	六万九八三二人
一九〇九	二万五七六二人
一九一〇	一八九一人
一九一一	二七一人
一九一二	一二三人
一九一三	四〇人

日本軍の猛烈な弾圧殺戮下に、義兵は分散され鎮圧された。が、中国五・四運動に連動して一九一九年の三・一独立運動となって全国的に決起してデモが連鎖し労働者はスト（ソウル市電車では暴動を伴うスト等）が爆発した。

学校では前後して「愛国唱歌集」が、地下活動で教えられ愛国教育が巧みに行われた。

東学の経典にある安心歌は三・一独立運動当時も歌われた。

安心歌

ああ危険なわが祖国　前途の運命が危い

狗《いぬ》のようなあの日本の奴らは
わが同胞のかたきである
昔の壬辰*のときにもああこの国の衰運は
どこまでつづくのか

狗のようなあの日本の奴らは
比べるもののないわが仇敵

（*豊臣秀吉の侵略の時）

虐殺の実態

獄中での拷問は言語に絶するものがあった。「天井に麻縄でつるして殴打する。両腕を背でしばり、熱湯を鼻孔にそそぐ、水や食事を与えず棍棒と竹の鞭で殴打、訊問に反抗すると撲殺する。数寸の油紙のこよりを陰茎にさしこみ火をつける。真赤に焼いた鉄棒で陰茎や乳頭を乱刺する。女子をはだかにして姦淫した。」こうした獄中での拷問により不具者、死亡者が多くでた。

一九一九年三月一日―五月
死亡人数　七、五〇九人（七、六四五人）

被傷者数　一五、八五〇人（四五、五六二人）
被囚者数　四六、三〇六人（四九、八一一人）
（朴殷植の『朝鮮独立運動血史』より）
かっこ内の数字は鄭翰景の『朝鮮事情』の一九二〇年三月までの数字。
（「あまりにも知られていない朝鮮—正しい日朝関係史」尼崎日朝問題研究会、一九七八年）

これらが靖国史観でいう「朝鮮暴徒」「匪賊および不逞鮮人」の実態である。

【5】戦陣訓—守った将兵は大餓死・戦死、守らなかった将軍はA級戦犯

戦陣訓とは帝国軍隊軍人の軍律である。「戦争の中にも人道はあります」といった米軍将校の考え方と、戦陣訓の思想・軍律は根本的なへだたりがあった。ベトナム戦争、イラク戦争における米軍の軍律がどのようなものに堕ちているかは、ここでは別の問題である。

戦陣訓には何が書かれてあったか。ほんの一部だが、以下に抜粋しよう。若き将兵を靖国神社に誘い込んだ軍律とはいかなるものであったか。

資料「戦陣訓」一部抜粋

戦陣訓こそ靖国神社で常時公開さるべき「一級資料」である。とくに「本訓其の二」「第八・名を惜しむ」は正門に大きくかざるべきであろう。

戦陣訓（陸軍省、昭和一六年一月）

序　夫れ戦陣は、大命に基き、皇軍の神髄を発揮し、攻むれば必ず取り、戦へば必ず勝ち、遍く皇道を宣布し、敵をして仰いで御稜威《みいづ》の尊厳を感銘せしむる処なり。されば戦陣に臨む者は、深く皇国の使命を体し、堅く皇軍の道義を持し、皇国の威徳を四海に宣揚せんことを期せざるべからず。

惟ふに軍人精神の根本義は、畏くも軍人に賜はりたる勅諭に炳乎として明かなり。而して戦闘並に練習等に関し準拠すべき要綱は、又典令の綱領に教示せられたり。然るに戦陣の環境たる、兎もすれば眼前の事象に促はれて大本《たいほん》を逸し、時に其の行動軍人の本分に戻るが如きことなしとせず。深く慎まざるべけんや。乃ち既往の経験に鑑み、常に戦陣に於て勅諭を仰ぎて之が服行の完璧を期せむが為、具体的行動の憑拠を示し、以て皇軍道義の昂揚を図らんとす。是戦陣訓の本旨とする所なり。

本訓　其の二
第七　生死観
　死生を貫くものは崇高なる献身奉公の精神なり。
生死を超越し一意任務の完遂に邁進すべし。身心一切の力を尽くし、従容として悠久の大義に生くることを悦びとすべし。
第八　名を惜しむ
　恥を知る者は強し。常に郷党家門の面目を思ひ、愈々奮励して其の期待に答ふべし。生きて虜囚の辱を受けず、死して罪禍の汚名を残すこと勿れ。
第九　質実剛健
　質実以て陣中の起居を律し、剛健なる士風を作興し、旺盛なる士気を振起すべし。
陣中の生活は簡素ならざるべからず。不自由は常なるを思ひ、毎事節約に努むべし。奢侈は勇猛の精神を蝕むものなり。
第十　清廉潔白
清廉潔白は、武人気質の由つて立つ所なり。己に克つこと能はずして物慾に捉はるる者、争《いか》でか皇国に身命を捧ぐるを得ん。
身を持するに冷厳なれ。事に処するに公正なれ。行ひて俯仰天地に愧ぢざるべし。

自ら作った軍律を自ら破ったA級戦犯

全滅したアッツ島、それに近かったサイパン、ニューギニア、レイテ、インパール戦においては、戦陣訓思想と絶対命令秩序によって、出さなくてよかった戦死者が数十万人におよんだ。

靖国神社は、極東軍事裁判を「かたちだけの裁判」であるとし、A級戦犯を「昭和殉難者」として扱いつづけている。A級戦犯は、絞首刑となった大将東条英機、同板垣征四郎、同土肥原賢二、同松井岩根、同木村兵太郎、中将武藤章、広田弘毅元首相ら七名。受刑中に病死した、梅津美治郎大将、同小磯昭、永野修身海軍元帥ら（他に獄死した松岡洋右外相、白鳥敏夫元駐イタリア大使、東郷茂徳元外相、平沼騏一郎元首相らがいる）計十四人である。彼等は一九七八年十月に靖国神社に合祀された。

彼らのうち将軍八人（他に提督一）は、「昭和殉難者」とされるが、この将軍たちは自らが制定に責任をおう戦陣訓の「第八・生きて虜囚の辱を受けず」を実行せず、米占領軍の虜囚となった。そして裁判にかけられA級戦犯となったのである。

戦陣訓と軍規を平然と無視した将軍たちの特権階級化と、忠実に守って大量餓死や犬死にさせられた二〇〇万将兵達との大差別大格差は永遠に不問とされ、同じ「神」とされる。この格差は、当人たちが死んでからもなお軍人恩給格差として現在も生きている。これほどの不平等、反人間性があろうか。靖国の思想・道徳の根本を問うているのである。

アッツ島、サイパン、レイテ戦等を典型とした玉砕・全滅の作戦は、その根底に戦陣訓の思想と軍律があった。それは板垣陸相時の一九四〇年に原案がねられ、翌四一年一月八日、太平洋戦争が始まる年の始めに東条陸相名で示達された。

そもそも戦陣訓は、日中戦争における日本軍の極度の軍紀退廃状況、三光作戦といわれた（焼きつくし、殺しつくし、奪いつくす）の掠奪、放火、強姦、殺人が横行し、中国人民の反日抵抗をさらに強めたことへの「歯止め」として戦場道徳を説かざるをえないが為に作られたといわれる。

ピストル自殺未遂の東条英機

私は志願兵として一死報国の精神で予科練に入った。戦後になって私がもっとも許せなかったのは、軍人勅諭と戦陣訓の思想の誤まった軍事道徳はもちろんだが、それを作って全軍に強制し号令した将軍たちのあり方である。〔後にも述べるように、中国赤軍の道徳律＝三大規律八項注意と人民に奉仕したあり方の方がはるかに秀でていた〕。「生きて虜囚となるな！」とあれだけ号令をかけつづけながら、自分達はその圏外にいたというはなはだしい特権階級性と特権意識である。

その最大の実例が首相・軍需相・陸相・参謀総長を兼任した戦時独裁者の東条英機大将であった。周知のように彼は、敗戦直後の九月、米占領軍が自宅に逮捕にきたのをみるや、書斎でピストル自殺を図ったが、弾が急所を外れて（「その時」に用意して心臓に〇印をつけていたのに）生きのこり、まさに自ら捕虜となってしまった。

気が動転していたから弾丸がはずれたのだという。全軍の総司令官だった武将にあるまじき行為であった。私の価値観の変化――疑いもこれが第一歩であった。あきれるばかりである。作家・高見順が日記でその醜態を痛烈に批判したのは、戦陣訓の言葉と東条首相の大号令をよく知っていたからである。

東条大将と違った死をえらんだ諸将は徹底抗戦を最後まで主張した阿南陸相が天皇放送の前に官邸で自決。海軍特攻隊を生みだした海軍中将大西滝次郎軍令部次長は、翌十六日午前二時に作法どおり腹を十文字にかき切り頸と胸を刺して自刃した。彼は「之でよし百万年の仮寝かな」と辞世をのこした。

二人の軍事思想と作戦（本土決戦と総特攻隊化）は大きな批判をあび、全く誤まっていたが、敗軍の武将としての生き方、出処進退、死に際は立派であった。

他にも元陸相と参謀総長を歴任した第一総軍司令官杉山元帥（夫人とも）、元関東軍司令官本庄大将、東部軍司令官田中大将ら将官十四人らが自決した。だがA級戦犯将軍たちは戦争と道徳律の罪の意識をかき敗戦後も生きのびんとしたために、敵軍になんなくとらえられ、裁判にかけられ処刑、処分されるという恥しらずさを演じたのであった。これが靖国のいう「昭和殉難者」の実態であった。

「皇軍」中枢の腐敗——「殉難者」の実態

日本陸軍は戦場道徳としての戦陣訓をつくったが、軍の中枢は自らが道徳を全く欠き早くから腐敗が始まっていた。

一九三一年九月一八日の満州事変が勃発するや、橋本欣五郎中佐は並行して「国家革新の断行」を決意する。陸軍首脳に失望していた彼は中堅下級将校に働きかけて小桜会を結成。

彼等が引き起こした「十月事件」は、元老、内大臣、各大臣、政党首領、実業家らを殺害し、警視庁、新聞社も占拠するクーデター計画で成功後の内閣も予定するものであった。内閣の概要は、首相・荒木貞夫（陸軍中将）、蔵相・大川周明、内相・橋本欣五郎、外相・建川美次（陸軍少将）、警視総監・長勇（陸軍少佐）等々といったものであった。

陸軍省と参謀本部との部局長会議では、クーデターの一派を憲兵隊の手で保護検束することに全員一致したのだが、荒木中将の猛反対により、荒木に慰撫を依頼したのだという。……尊王愛国の動機さえよければクーデター計画も罰すべきではない、という考え方が次第にはばをきかせていたことがわかる。

橋本中佐らは築地の待合「金竜」で遊興しているというので、荒木中将は岡村寧次大佐とともに「金竜」へ出向いた。橋本中佐が不在のため、荒木は長勇少佐と会った。長少佐は要注意人物として、九月はじめ北京の公使館付武官補佐官に転出したが、わずか一週間で無断帰京し、「金竜」亭に一ヵ月半も流連《いつづけ》していたのである。陸軍の軍紀はそこまで腐敗していた。

荒木中将は酒を汲みかわしながら、慰撫説得に努めた結果、ようやく計画を中止するという言質をとりつけた。その後橋本中佐と長勇少佐とは、形式的に憲兵隊により保護検束されたが、憲兵隊長官舎で、隊長夫人および令嬢から酒食の接待を受けている。

テロによるクーデターを共同謀議している橋本や長を軍法会議にかけるどころか、極力慰撫説得して酒食でもてなすとは、まったく言語道断である。張作霖爆殺事件の首謀者河本大作大佐を軍法会議にかけなかった前例に従ったのかも知れない。一九二八年から一九三一年にいたる日本陸軍は、それほど無法者集団化の兆を示していたのである。（猪木正道「軍国日本の興亡」）

防衛大学長（戦前の陸軍、海軍大学の自衛隊版）をつとめた猪木正道は、陸軍の腐敗についてこのようにきびしく批判している。

ここにも記されているように、長勇少佐は料理屋金竜亭に一ヶ月半も無断でいつづけ、国士を気どって酒色にあけくれていた。

だが十月事件後は順調に出世して少将にまでなった。そして沖縄戦の当時は陸軍参謀長となり、南部戦場で沖縄住民十万人余を道づれにした。最期は米軍においつめられて司令部で自決したが、驚くべきは、あの激戦下でも「金竜亭」の延長線であったということである。首里城地下にあった32軍司令部には高級ウイスキーなどが大量にのこされていた。戦争中も京都から「高級」女性が特別によばれて日常生活をすごし、さらに琉球王朝子孫の関係女性をはべらせていたという。

第二部　靖国神社に合祀された三人の兄

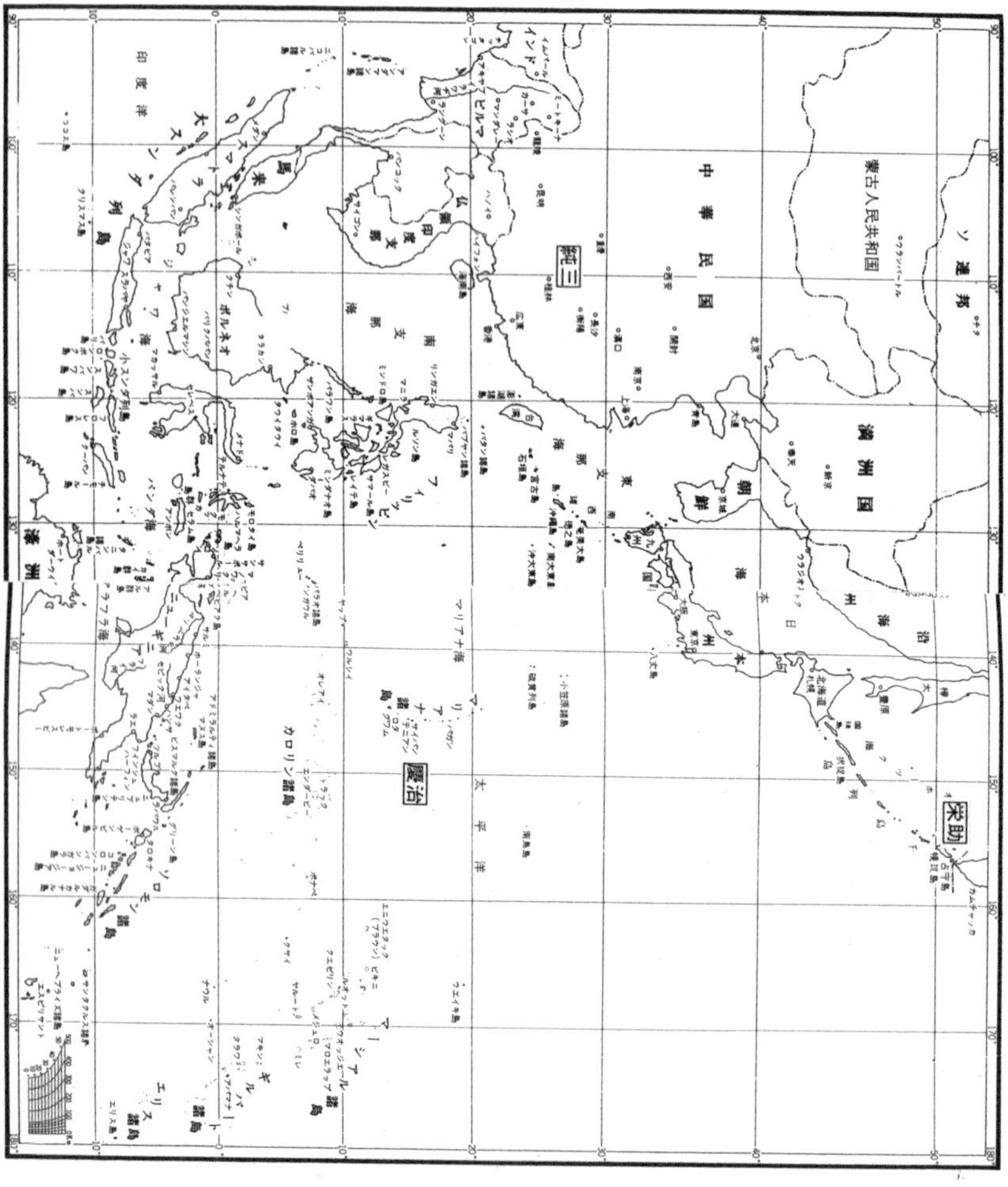

太平洋戦争全図と三人の兄たちの戦死地点

まえがき

表1は当時大東亜戦争といわれたアジア・太平洋戦争における軍人・軍属の地域別戦没者数である。その区域の広さは地図（前頁）をみれば一目瞭然のように、北はアリューシャン列島から、南はオーストラリア近く、西はビルマ（ミヤンマー）へその間の東北・東南アジア、太平洋諸島におよんでとてつもなく広い。「日本軍の敵」はすでに一九三一年いらい十五年間にわたって侵略しつづけた全中国とその人民、そしてアメリカ、イギリス、オランダであり、最後にソ連（ロシア）であった。逆に、東南アジア地域諸国の民衆にとって、日本軍は侵略者であり敵であった。

日本国は加害者であると共に国民は被害者でも

〔表1〕日本軍地域別陸海軍人戦没者数

（厚生省援護局1964年調査より集計）

日本本土＝103,900	小笠原諸島＝15,200
沖　縄＝89,400	中部太平洋＝247,200
仏領インドシナ＝12,400	タイ＝7,000
マレー・シンガポール＝11,400	ビルマ（含むインド）＝164,500
ボルネオ・スマトラ・ジャワ・セレベス＝33,200	
モルッカ・小スンダ（含む西ニューギニア）＝57,400	
フィリピン＝498,600	東ニューギニア＝127,600
ビスマルク諸島＝30,500	ソロモン群島＝88,200
朝鮮＝26,500	旧満州＝46,700
中国本土＝455,700	台湾＝39,100
樺太・千島＝14,800	ソ連＝52,700
合計＝2,121,000人	

（藤原彰「餓死した英霊たち」青木書店）

あった。現地の戦争そしてB二九による空襲で、一家全滅―五人とか十人とか―のあまりにも多くの無残な死があった。一九四五年には頂点に達し、とくに沖縄県は三ヶ月の激戦下に住民約九万四千人、軍人・軍属九四、一三六人（うち沖縄県出身者約二万八千人）合計約十九万人（沖縄県援護課調）、県人口の二〇%が死亡した。あるいは東京江東・墨田・台東区等は三月十日の大空襲で二時間半にして町は壊滅し（東京の四割）七万二千人もの市民が殺傷され、焼失家屋十八万余棟、三十七万二千世帯約百万人が焼け出された。関東大震災に比べ、焼失家屋と被災人口で約二倍、死者は一・五倍となり、大東京は焼け野原となった。

軍隊と市民の区別はなくなったのである。いらい全国主要都市の無差別爆撃がそうであった。

三人の水漬《みず》く屍、草むす屍

軍人兵士の動員も根こそぎであった。一家の大黒柱、働きの中心者、結婚数日後の青年や、少年兵から四〇歳をこした（当時は人生五〇年の寿命であった）「老兵」にいたるまで、兵舎に、戦地に送られ多くの戦死者をだした。しかも、全体の戦没者の六割、一二七万六二四〇人は直接のそして慢性的栄養失調と医療不足からの餓死者であった。

靖国神社の「神々」の実体は、過半数が餓死者であった。毎年参拝する政府要人や政治家たちは、この事実をどのくらい知っているのか！　そして韓国、中国がいまも決して許さないのは、中国だけでも表2のような約二千万人もの死傷者をだした侵略の指導者（いわゆるA級戦犯）をも祭る神社を、「護国の人柱」として参拝するその反人道行為に対してのことである。加害リーダーを決して認めないのは、立場をかえてみれば当然である。

〔表2〕日中戦争での中国人戦死、虐待死、戦病死者数

国民政府軍
死亡＝四、三九七、五〇四人　負傷＝四、七三九、〇六五人
合計＝九、一三六、五六九人
共　産　党
死亡＝軍人三、一七六、一二三人　被補壮丁＝二、七六〇、二七七人
寡婦、孤児、身体障害者＝二、九六三、五八二人
難民＝二、六〇〇万人

（臼井勝美著「新版日中戦争」中公新書）

戦争の被害者としての戦死者は、一家二人戦死はかなりいる。当時は子供八人～十人が普通であったから、多くの家庭で戦死者を出し、中はからっぽの「白木の箱」＝遺骨箱がかえってきた。が、一家で三人戦死となるとそう多くない。私の知る範囲では（沼津市など）一家族のみである。

わが樋口家では三人の戦死者を出した。とくに目立つのは、その相手国が中国、アメリカ、ソ連三国にわたっていたことであった。その三人が「水漬く屍」「草むす屍」となったのである。兄たちは厳寒の北の果ての海や、南海にそして大陸で「土中の骨、海中の白骨」となり、その遺骨収集も

放っておかれ、私もやりようがないまま六〇年たった。

　戦死のしらせは公報ではなかった。戦友、親しい知人（休日に必ず親代わりに面倒をみてくれた「下宿」の人）からであった。

　栄助のしらせがいちばん早く、終戦から半月を経た八月三〇日に届いた。それを知った時は、茫然自失そしてとめどなく溢れた涙は、いまも忘れることができない。「空だ、男の行くところ」が大宣伝される中で、母はＮＨＫ静岡で子供二人を航空兵にだした「荒鷲の母」として放送した。（「参考資料」本書141頁参照）

　その母は涙を一滴も流さなかったが、何かわからぬ叫び声をあげ、両手は虚空をつかんで深くなげいた。それから秋にかけて更に四男慶治、五男純三の戦死の便りが次々と続く。

　母は熱烈な浄土真宗・西本願寺派（親鸞、蓮如）の信徒で、毎日読経していた。そして、敗戦の九月以降、十八日・栄助、八日・慶治、二〇日・純三の命日と父・金次郎の（十二月）八日の毎月四日間は、特別読経が続いた。母はそれを生涯つづけた。

「男が六人もいるから三人ぐらいは仕方がないではないか」というようなことは決してない。絶対的な母の子への愛であった。

　母とはちがう角度から、末弟だった私の兄達への念いは強い。

樋口金次郎（父）とりゅう（母）。

……自由主

……さらに創価学

……も五〇〇日投獄されて獄死

その誤りを再び繰り返してはならない。累々た

る屍の上につくりあげら……特にまえがきと第九条。それは後藤田正晴元副総理の言う如く、第一次大戦における数千万死者をふまえた一九二八年のパリ会議における恒久平和の思想を受け継いだ人類の英知の結晶なのである。

一九九七年、私はピースボート世界一周号に乗船した。途中で、大西洋上のスペイン・カナリア諸島に立ち寄った。そこでは島の一角に「日本国憲法九条の記念碑」という小広場があることを知った。日本外務省の若い公使が案内してくれたのである。一九三〇年代後半のスペイン市民革命の勝利に対して、フランコ将軍の反革命はカナリア島から出撃した。その政権はその後四〇年近く続いたが、七〇年代になってようやく打倒された。そのカナリア島に「九条の碑」があった！ 私は歴史の因縁を知り深い感動を覚えた。

戦死者を偲ぶこと、念いをはせることとは、その原因となった戦争の誤りを再び繰り返さない決意であり、戦争体験の全くない青年たちと共に「老いらくの誓い」として、平和のために闘うことである。恒久平和は、青・中・老の人々、天の半分をしめる女性や、南北朝鮮、中国や東アジア、世界の人々との団結と闘いによってのみ勝ちとられる。

【1】中国・日中戦争と純三

八人兄姉たち

この原稿を書いている今日は二〇〇四年八月十五日。一九四五年の「敗戦の日」から五九年目である。今夏は猛暑が四〇日もつづき、東京の足立区では、四二・五度という記録的な暑さであった。ポツダム宣言（一九四五・七・二六米英ソ中四国による日本の無条件降伏案）の受諾をした天皇放送があった八月十五日も暑い日であった。毎年やってくるこの日のたびに、神奈川県厚木航空隊の一角で直立不動の姿勢でラジオ放送を聞いたあの時を、そして戦死した三人の兄たちのことを必ず思いおこす。

とにかく「大東亜戦争」―アジア・太平洋戦争あるいは十五年戦争（一九三一～四五年）は、とてつもないひどい戦争であった。

いま、アメリカ主力軍によるイラク戦争で、アメリカ兵の戦死者が千人になったということで騒がれている。イラク市民の死者は十万人をこえたというが、公式の発表は一度もない。

作家の半藤一利は、戦争史にくわしく「昭和史」「ノモンハンの夏」や「撤退戦の研究—日本人はなぜ同じ失敗を繰り返すのか」等の著書が多いが、その後者でいう。

昭和16年、慶治と栄助の海軍入隊を記念して。前列左より母りゅう、篤三、栄助、和子（次女）。後列左より利一、正一（長男）、純三、慶治。

太平洋戦争の日本側の戦死者は二百六〇万人に達していますが、そのうちの半分以上が餓死で、あとの大多数が陸に上がらないうちに輸送船で沈められた海没です。こんな戦死は戦史上どこをさがしても例がありません。

わが姉兄弟は八人、女二人男六人だったが、長兄・正一、次男・利一、三男・純三の三人は二〇歳の徴兵で陸軍へ、四男・慶治、五男・栄助と私は志願兵で海軍少年航空兵となった。

長女と私は十八歳も年がはなれ、私のものごころついた頃は母の実家の米原町（当時は息郷村）に嫁にいったので、後年会ったのも数回—敗戦直後にいちじるしい食糧不足で、米をもらいにいった時など—である。

父は五二歳、私が十歳の時に亡くなったが、長男正一は親がわりをつとめてくれた。

次男利一（現転太郎兵衛）も面倒見のよい兄で、慶治や栄助が入隊、転属のたびに土浦、大井、三重さらに遠く九州の筑城航空隊まで面会につれていってくれた。

純三、慶治、栄助と私は各二歳ちがいで子供の時から一緒に遊び、四人でよく相撲をした。

栄助とは一つの布団（ふとん）に二人で寝、小学校の頃はいろいろ教えてくれたやさしい兄であった。

日中戦争と純三

純三が戦死したのは中国広西省で、昭和十九年十二月二〇日、私が土浦航空隊にいた頃であったが、戦後になってから戦死公報が届いて知った。広西省は、広大な中国でも南方で、広東省と貴州省、雲南省の間にある。

日本軍が対中戦争をふみきった時は、短期決戦戦略・圧勝という戦略・戦術であった。「上海を一週間、首都南京を一ヶ月、全中国を三ヶ月で完勝する」という戦略を、杉山元陸軍大臣が昭和天皇に上奏し裁可された。もっとも「大東亜戦争」の開戦時も同じく短期決戦勝利戦略論であったが、この時杉山参謀総長は天皇から「中国戦争も短期といったが、四年たってもまだ終わらないではないか」と言われて返答できなかったといわれる。

だが、日本軍の最大の誤謬は、五億人におよぶ中国人民の強烈な反日抗日気運と、そのエネルギーを全く無視していたこと、その抗日エネルギーが中国軍をも貫き、まず上海戦は三ヶ月余も徹底抗戦をうけ、南京陥落は一ヶ月のはずが五ヶ月となり、さらに首都は、漢口、重慶にと後退しても、日本軍は点をおさえただけで、広大な面の農村地帯はゆるがなかった。

猪木正道は、「軍国日本の興亡」（中公新書）でいう。

軍国日本は、一九三一年から中国への露骨な侵略を開始した。……日中戦争が長期化するにしたがって、国民党軍の抵抗も意外に強靭であった。それよりも日本軍を苦しめ日本を追い詰めたのは、中国共産党の指導する人民戦争であった。

藤原彰調査によるさきの戦没者数で最も多いのは、フイリピン戦線約五〇万人と中国戦線約四六万人である。当時世界も日本も全く知られていなかった中共軍の戦いは、第一部でも述べたように、アメリカ人のリベラルなジャーナリスト・エドガー・スノーの「中国の紅い星」や、その妻だったニム・ウェルズ「人民中国の夜明け」によって一躍世界の注目をあびた。

三笠宮の中共評価

三笠宮崇仁《たかひと》親王は、昭和天皇の弟であったが、陸軍大学を卒業後の一九四三年一月から約一年、支那派遣軍参謀（若杉参謀名）であった。離任時は少佐だったが、総参謀長松井中将ら一二〇～三

○人の将校を集めて教育講話を行った。

この講話は日本軍の反省にとどまらず、中国抗日の原因、共産党拡大の理由、汪国民政府評価にまで及び、日中戦争の現状批判にまで発展した。まず蒋介石が抗日になった原因として三笠宮は「満州独立、日本の華北に対する野心、支那事変勃発以後日本軍の暴虐行為に依る抗日宣伝の裏付け、強姦、良民の殺傷、放火、中国独立革命気運に逆行し日本の中国革命に対する援助の不足或いは妨害」等々を列挙した。そして「中国を抗日ならしめた責任は何としても隣組であり夫である日本人が負はなければならない」とした。

次いで共産党猖獗《しょうけつ》の原因について、共産軍の軍紀の厳正さを称え、一方で日本軍の軍紀の弛緩を厳しく指摘した。「中共の男女関係は極めて厳重で強姦などは絶無に等しい。対民衆軍規も極めて厳正であって日本軍の比ではない」「かくの如く（軍が）口では料理屋の出入禁止で如何にも自粛の神様の様であるが、内容之に伴なわず日本軍民間においてすら待遇は雲泥であり況や前記の中共や草の実を集めている中国農民とは比較するの尺度を持たないのである。之で中共が猖獗しなかったら世界七不思議の第一となるであろう。のみならず斯くの如き日本軍では到底中共に対抗することは出来ないと思ふ」と痛論した。

治安維持法下に「共産党」は禁句であり、口にするだけで刑務所入りであったが、天皇家の一員が中共軍の軍規のきびしさを高く評価していることに驚かされる。この公然たる高い評価は戦中を通じてこれが唯一である。ちなみに三笠宮は戦後東大文学部で学び、オリエント史の大家となったという異端の皇族であった。

生きる目的、死ぬ目的

その中共・赤軍の強さ、民衆の支持についてニム・ウェルズは次のように指摘している。

　政治的な動物である人間は、理想のためにたびたび闘争してきたが、人間が素足で延べ二万五千マイルの長征をおこない、そのあいだ、野草とスローガンだけで露命をつなぎ、しかもなお士気を保っておれるなどということは、私のはじめて耳にするものである。十年にわたる中国赤軍のじつに英雄的な強靭さは、人類大衆の解放を達成するためのはなばなしい、貴重なたまものであり、一般的にもそうだがとくに植民地東洋において、卑しいものとなっている人間性の意義にあたらしい価値を与えたのであった。

　かれらは死というものに、あたらしい意義と目的とを与えた。共産党は死から苦痛を取り除いて、墓ごとに勝利のしるしをこしらえたのである。赤軍を実際に見てから私は、どんな赤軍兵士でもよろこんで死に、死ぬことによって革命を『終局の勝利』にむかって一歩進めたのだという信念をいだいていることを、信ずるようになったのである。人間に生きることの目的を与える、そのつぎに良い方法は、人間に死ぬことの目的を与えることだと私は思う。

　赤軍の兵士が軍隊に加わるときに、かれはすでに死ぬことを覚悟している。かれが戦場におもむくときには、かれはどうして生き残るかということでなく、あらゆる手段をとっていかに勝利を勝ち取るかということを考えている。そして他人のために鉄砲を捕獲してやることに生命を捧げることを覚悟しているのである。これは確かに中国にとって目あたらしい階級意識である。勝利は常に中国兵士の信条である。実際に、指揮官は勝利をおさめる確信がないと敵と交戦することなく、このため軍隊の士気をいつでも高めておくことができるのである。退却も、勝利をめざす戦術の一部として考えられるように、注意ぶかく計画されている。（「人民中国の夜明け」新興出版）

日本軍の特攻機隊は、戦争末期に登場し「決死隊」であったが全軍のごく一部であり、その遺書は胸をうつが、赤軍兵士のような生死の哲学をすすんで身につけたものではなかった。特攻機第一号にのった関行雄大尉の手記をみてもそうである。

大陸打通作戦――「史上最大の作戦」

純三と同じ小隊にいたという戦友・片野史朗さん（宇都宮市）によると、戦死状況は次の通りである。

「樋口君は独立野砲第二連隊付として長沙、衡陽、桂林の攻略戦に参加、その武勲赫々たりししが、桂林攻略後、迎撃第十六大隊要員として戦友下士官十名と共に、桂林より衡陽に向かう途中不幸昭和十九年十二月二十日午後四時、広西省興安西方約四キロ附近において敵機五機の来襲を受け、右背

昭和 17 年、大井航空隊面会日に、金谷茶畑にて。左純三、右慶治。

昭和 19 年、純三、中国の戦線にて。

部に盲貫銃創を蒙り壮烈なる戦死を遂げ候」。

　戦死した場所、日時を日中戦争史で調べてみたら、明らかに「世紀の大遠征」「史上最大の作戦」といわれた「大陸打通作戦」であった。

　人員約五〇万、馬約一〇万匹、自動車一・五万をもってする大陸打通作戦では、この大部隊を支える兵站補給の支援が確保されることが不可欠の条件である。だがその計画はあまりにも安易で独善的であった。

　莫大な兵力、資材を注ぎ込む大陸打通作戦を計画すること自体が無理だったのである。そしてこの時期は中国戦場でも制空権はすでに在中国米軍にあり、河川や湖沼での舟艇の運航は妨害を受けた。すでに自動車用のガソリンはきわめて不足しており、しかも道路は中国側によって徹底的に破壊されていた。鉄道の破壊はさらに徹底しており、これを復旧する資材も不足し、占領地域内の支線の線路をはがして持っていくしかないというありさまだった。

日本軍はサイパン島戦惨敗によって太平洋方面の絶対国防圏を失っていた。軍事的条件が最悪化しているのにかかわらず、それ以前の湘桂作戦を中止せずに実行したのである。四四年九月の陸軍中央部では、陸軍省の全部、参謀本部では第一部を除き、総長、次長を含めて全部が、この大作戦が補給の点からインパールの二の舞いとなることを憂慮し反対なのに、第一部長真田少将、作戦課長服部大佐が初志を変えずに断乎として実行したのだと「戦史叢書」は書いている。

作戦担当者は、全般戦局との関係を無視し、自ら立案した壮大な作戦計画に酔っていたとしか考えられない、補給の困難が作戦の支障になることを考えなかったのであろうか、と戦史研究者たちはいう。そして長尾軍医の言葉を借りれば、「かくて将棋でいう歩となった者が、無駄な犠牲に供されねばならなかった」のである。

大失敗作戦下の戦死

その結果は多くが予期していた様に大失敗に終わった。この戦闘は大本営作戦課長として、辻政信と共に一部では「作戦の神様」といわれた服部卓四郎大佐が立案推進したものである。

林茂（当時東大教授）の「太平洋戦争」（「日本の歴史」25、中公文庫）は、その結末を次のよう

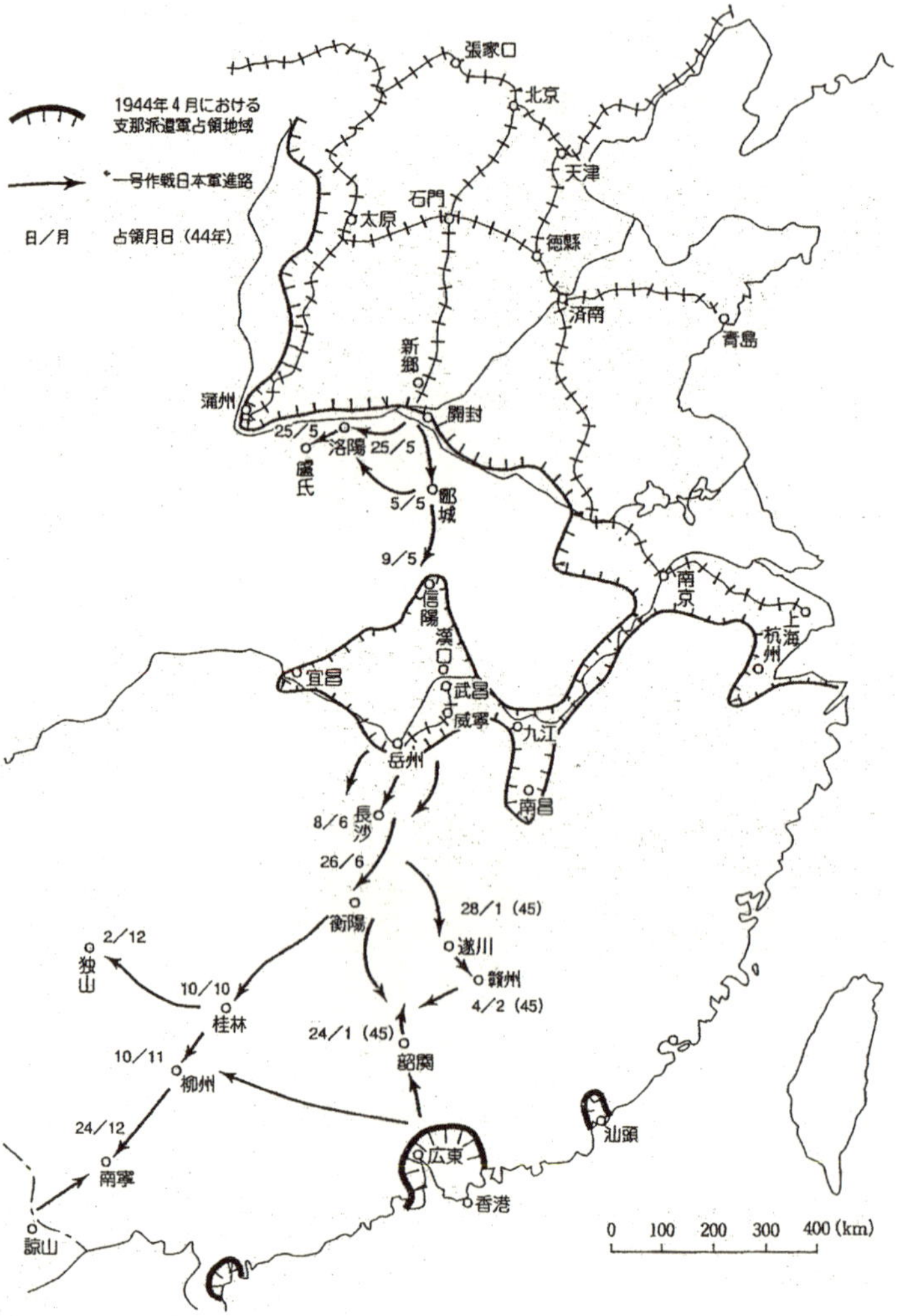
1944年4月における
支那派遣軍占領地域
一号作戦日本軍進路
日／月
占領月日（44年）
張家口
北京
天津
石門
太原
德縣
濟南
青島
新郷
蒲州
開封
25／5
洛陽
25／5
盧氏
5／5
郾城
9／5
信陽
漢口
宜昌
武昌
咸寧
九江
南京
上海
杭州
岳州
南昌
8／6
長沙
26／6
衡陽
28／1（45）
遂川
贛州
4／2（45）
2／12
独山
10／10
桂林
24／1（45）
韶関
10／11
柳州
24／12
南寧
広東
香港
汕頭
諒山
0 100 200 300 400（km）

著者作成。

に要約している。

大陸打通作戦　日本軍がビルマや太平洋の各地で崩れかかる事態になっても、いぜんとして、陸軍の主力約百万は中国戦線を中心とした大陸にくぎづけされていた。『大東亜戦争完遂の為対支処理根本方針』（十七年十二月二十一日御前会議決定）が米軍反攻に対処して、中国内占領地の治安確保と南方作戦のための兵站基地化をねらって、（日本の傀儡であった）汪兆銘の国民政府の強化とわが負担の軽減を計ったものの、中国戦線は膠着し、占領地域の治安は悪化するばかりであった。

汪政権との「戦争協力」「日支提携」をうたいながら、対支経済政策の主眼は必要な「物資獲得の増大」におかれ、現地軍は農民から食糧その他を掠奪するようなことをつづけていた。そのため、中国人の抗日感情は強まって、十八年以降、中共解放区がひろがったため、中国戦線はもっぱら、中共軍の掃蕩と治安工作に明け暮れていた。

この状態では現状維持が精いっぱいなのに、十九年春、にわかに大陸打通作戦が開始された。これは華北から華南への縦断路を完成して、満州と南方を結ぶ陸の補給路確保と、中国内の米空軍基地攻略による本土空襲の防衛を目的としていた。兵力・武器・航空力の貧困にもかかわらず、洛陽・長沙・衡陽・桂林・南寧などを占領して作戦はいちおう完成した。だが、二千数百キロに伸びた戦線の内側から、これまで以上に強い中共軍の反攻がおこり、この大作戦は実益をもたらさずに破綻していった。

純三は、「敵機五機」の機銃掃射によって戦死したが、制空権は米軍の巨大な支援下に完全に中・米側が握っていた。大本営作戦部のまったく「独善的」で「酔っ払った」ような無謀な作戦の被害者の一人であった。

日本による中・朝人民の大量拉致

ここ数年、北朝鮮国家による日本市民の強制連行、拉致が日本側で大問題となり両国間そして六ヶ国協議（韓・日・米・ロ・北・中）席上でもとりあげられている。北朝鮮の先軍政治路線と不可分の人権侵害は、同国の軍事独裁制と共に、きびしく批判されるべきである。

一方米日側は一九六五年の日韓条約で北朝鮮（民主主義人民共和国）を一方的に差別化してはずし、その後も同国を無視し続けてきた著しく片寄った政治責任がある。そしてはるかにより大きくは戦争中の数十万人に及ぶ中朝市民の強制連行・拉致と殺傷があった。その反省のないままの日本政府に対して韓・中両国とマスコミが、さめた対応をし日本側にある一線を画しているのは、次の如き問題がそのまま放置されていることが大きいことをわれわれは問われているのだ。朝鮮民衆に対してもまったく共通で、日本の植民地であったためによりひどく、人員の把権も発表もない。もとより戦後の保障は一切ないという人道上の大きな問題を日本は背負っているのである。

日本全土への強制連行は一九四三年四月から試行的に始まり、一九四五年五月まで三万八九三五人であったが、そのうち約九割が華北労工協会の提供であった。

満州、蒙疆、日本に移送された中国人労働者は悲惨な境遇のなかで労働に従事しなければならなかった。満州、蒙疆の極寒地における飯場の状況は囚人労働より劣悪で、吉林の豊満発電所、内蒙の龍煙鉄鉱で多数の凍死者が続出した。龍煙では一九四三年に多くの労働者が腐った馬鈴薯で中毒死したが、この『猪狗食《ちょこう》』（動物の餌）も日本人の親方に差し引かれて、痩せ衰え、また着るものもなく蒙疆鉱山の労働者は麻袋やセメント袋を破いて身体を覆い、悲惨な格好をしていた。土砂崩れやガス爆発による惨害は頻発し、コレラなど伝染病による死者も加わり、連行労働者の死亡率は異常に高く、五〇％に達するところもあり、満州地域に連行された華北労働者六七七万人（一九三六—四五）のうち二百余万が死亡し、他方面を加えた七〇〇万の平均死亡率も三割とされた。」（居之芬、張利民『日本在華北経済統制掠奪史』）（臼井勝美「日中戦争」中公新書）

【2】アメリカ・サイパン戦と慶治

北の果てから南太平洋まで

慶治は、海軍の索敵状況を主任務とする大型飛行艇の搭乗員で、北はアリューシャン列島（米領アラスカとロシア・シベリア間の極北諸島）・アッツ・キスカ島戦参加から、はるか南方のオーストラリアに近いソロモン諸島のブーゲンビル島沖の五次におよぶ海戦に参加。南方では米機動艦隊をいち早く発見し報告したことで特別表彰をうけたと話していた。

横浜市磯子が基地であり、伊勢崎町の近くに下宿があったので二回面会にいき、当時では見たこともない、実の小さなモンキー・バナナを一房もらった。

北千島の話は彼らしかった。

北千島最北端の占守島《シムシュ》は、カムチャツカ半島と目と鼻の近さにあり、幌筵島（パラムシュル）はその隣りでこの二島が日本軍の北辺の対米前線基地であった。栄助とは約半年のちがいで同じ基地にいたことを知って、その奇縁を感じた。アッツ島作戦は、その幌筵を出撃基地としたが、作戦の帰路にエンジン不調で海上に強行着水をした。慶治によると、その物理的衝撃が心理的衝撃をよび、皆が失神したと。このままだと水没、全員死亡なので、彼が皆の顔面をなぐりつけて気合いをいれ、部厚いガラス窓を飛行靴でけっとばして穴をあけ、冷水の海面にとびこんで海岸まで泳ぎ着き助かった、という。

その時期は、アッツ島守備隊玉砕（全滅）が昭和十八年（一九四三年）五月三〇日、そしてキスカ島撤収成功が同七月二九日である。

アッツ島は陸海軍の救援が間に合わず山崎保代部隊長以下二六〇〇人が全員玉砕した。

昭和 16 年、慶治、横須賀海兵団へ。

キスカ島には、陸海軍合わせて五六三九人。

幌筵、占守二島に基地のあった北方方面第五艦隊は軽巡三隻、駆逐艦四隻など十五隻を派遣し、全員を収容して撤兵を完了、その二週間後に米軍三万余が攻め寄せた（もぬけのからであった）その直前であった。

慶治らはこの作戦に従事したのである。

初戦の大勝とすぐさまの大逆転

太平洋戦争は、開戦時に奇襲攻撃したハワイ空襲（十二・八）、イギリスの東洋艦隊の新鋭戦艦プリンス・オブ・ウェルズとレパルス号を航空強襲で完勝したマレー沖海戦（十二・一〇）、陸軍は十二月八日にマレー半島に上陸し、銀輪部隊で南下して二・一五にはシンガポール攻略、フィリピンでは一・二マニラ占領―マッカーサー元帥の脱出など連戦連勝で国内も勝利にわきたった。

だが、それはわずか半年間のこと。

日本海軍の極秘暗号は米軍に解読されていた。連合艦隊が空母主力で上陸軍をも運んだミッドウエー島攻略の海戦は（六・八）まちかまえていた米空軍に強襲され、虎の子の空母赤城など三隻沈没など大敗し、太平洋戦線の力関係は一挙に逆転する。

このミッドウエー大敗は、国民にはまったく知らされず、しかも大本営陸軍情報参謀にさえ極秘で、堀参謀はその一年後に在日ドイツ武官にはじめて教えられたという。（堀栄三「大本営参謀の情報戦記」文春文庫）

一九四二年
八月七日　　米軍がガダルカナル島上陸、反攻開始。
一九四三年

二月七日　日本軍は食糧皆無で餓死者が続出（三万人中一万五千人）惨敗し同島より撤退
四月十八日　山本連合艦隊司令長官戦死（暗号をよまれ待ち伏せしていた米軍機が長官機を撃墜）
五月三十日　アッツ島玉砕

一九四四年
二月六日　マーシャル群島基地潰滅
二月七日　トラック島（それまで連合艦隊司令部）大空襲で基地機能消滅
六月十五日　日本軍の絶対国防圏の要、サイパン島に米軍上陸、七・六玉砕
七～八日　テニアン、グアム基地玉砕
十月二十日　フィリピン・レイテに米軍上陸
十月二四日　神風特別攻撃隊出撃

この間の二月十九日には東条首相は参謀総長を嶋田海相は軍令部総長を兼任。軍政・統帥まで独裁的に権力を集中し、批判的な松前重義（戦後東海大総長）毎日新聞軍事記者新名丈夫らを兵役年令上限を四十五歳にまで引き上げてまで、一兵卒で前線に『死ね』と放りこんだ。

だが反東条の気運は、元老、重臣の木戸内大臣中心に岡田啓介海軍大将ら、別の意図をもつ—長州政権構想—岸信介（商工大臣、戦後首相）ら内閣の一部、海軍の高木教育局長らの連合ネットワークが包囲し、七月一八日に東条内閣は総辞職においこまれた。

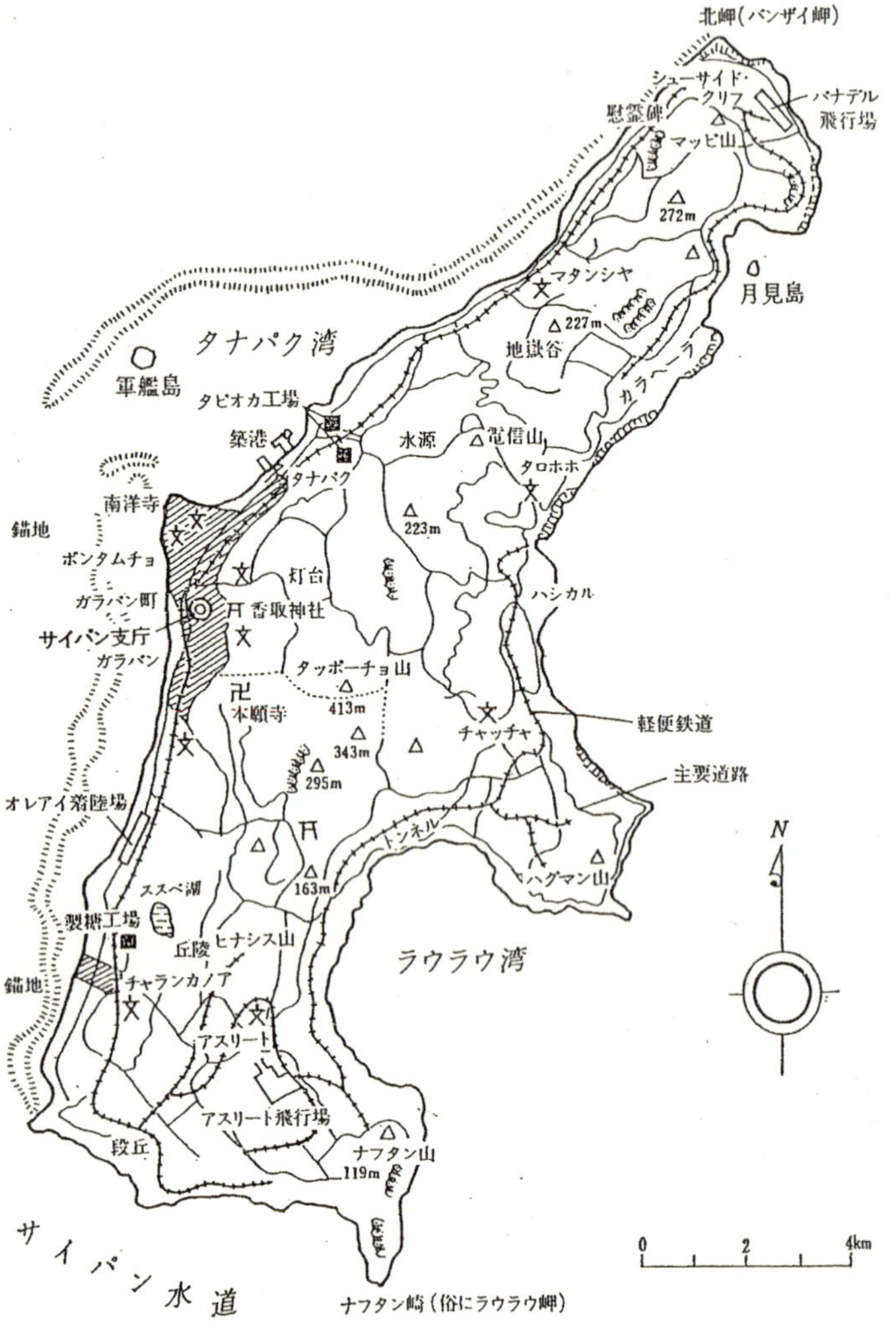
北岬(バンザイ岬)
スューサイド・クリフ
慰霊碑
バナデル飛行場
マッピ山
272m
月見島
マタンシヤ
227m
地獄谷
カラベーラ
タナパク湾
軍艦島
タピオカ工場
築港
水源
電信山
タロホホ
タナパク
南洋寺
錨地
ボンタムチョ
ガラパン町
サイパン支庁
ガラパン
223m
灯台
香取神社
ハシカル
タッポーチョ山
413m
本願寺
343m
295m
チャッチャ
軽便鉄道
主要道路
オレアイ着陸場
トンネル
163m
ハグマン山
ススペ湖
製糖工場
丘陵
ヒナシス山
ラウラウ湾
錨地
チャランカノア
アスリート
アスリート飛行場
段丘
ナフタン山
119m
サイパン水道
ナフタン崎(俗にラウラウ岬)
N
0
2
4km

サイパン島

欧州戦線でもサイパン戦と時を同じくして、六月一六日に米英軍は戦史にのこるノルマンディー上陸大作戦に成功。八月二五日連合軍はパリ無血入城した。

「難攻不落」はあっけなく全滅へ

サイパン決戦は、このような政治、軍事状況下における米日軍間の総力をあげた決戦場であった。東条首相・陸軍大本営の服部作戦課長らは「難攻不落」「鉄壁の備へ」を豪語し、陸軍は第三十一軍小畑英良中将ら、海軍は中部太平洋艦隊南雲忠一中将（ハワイ、ミッドウエー攻撃司令官）ら、合計四万三五八二人を配置した。

昭和18年、飛行艇搭乗員となった慶治。

サイパン島は南北十九キロ、東西二・四〜四〜九・六キロ。島の真中には四七四メートルのタボチョウ山がそびえ立つ島である。戦前は精糖、水産、牧畜で栄え、中心街には九五軒も料理飲食店があり、原住民チャモロ人約四千人、沖縄などからの市民二万一〇〇〇人が生活していた。

米軍攻略部隊は、ターナー海軍中将ひきいる海兵隊と陸軍歩兵師団約一六万七〇〇〇人が東西呼応し、ノルマンディ上陸作戦と同じ六月六日、サイパン・マリアナ基地群攻撃が開始された。空母十五など七七五隻が島を完全包囲する。猛烈きわまる艦砲射撃と空襲そしてこの光景をみるだけでも守備の日本軍は絶望したであろう。

日本の連合艦隊も主力の第一機動艦隊（小沢治三郎中将）は空母九、戦艦五隻など七三隻と母艦機三六〇機など総計千機で全面対決したが、六月十九〜二〇日の二日間で空母三、三九五機を失い、四空母中小破という大打撃に終わった。レーダー網や対空火砲の技術水準などと量の戦力差が大きく違ったこと等といわれた。

勝負は最初の二日でついたが、日本軍の玉砕戦法のために激戦二〇日余。陸軍司令官は七月六日割腹自殺。海軍南雲中将は「止まるも死、進むも死。…米鬼に一撃を加えて太平洋の防波堤としてサイパン島に骨を埋めん」と訓示し自決した。七〜八日の総攻撃で約四千人が玉砕戦死。

万歳岬で死んだ人々

市民は北端に追い詰められ、最後のときが刻々と迫ってくる。林の中や岩陰では兵隊や地方人が〔玉砕〕という言葉に、泣き叫びながら狂い廻っている。海岸の方では、一家生き残った者が集まって身体を一本の帯に縛りつけて投身していく。女学生の一団は制服を着て「海行かば」を合唱しながらどんどん海へ飛びこんでいく。一方では猛り狂った男親が「父チャン、カンニンし

米兵の日本（ドイツ）兵にたいする心理

A．訓練中の米兵
質問「日本（ドイツ）兵を殺すことをどう考えるか」

	日本兵	ドイツ兵
心から殺したい	44%	6%
やむをえぬ義務だ	32%	52%
義務だが嫌な気持ちだ	18%	34%
敵兵でも殺したくない	4%	6%
その他	2%	2%

B．戦闘後の米兵
質問「捕虜を見た後で日本（ドイツ）兵についてどう考えたか」

	日本兵	ドイツ兵
もっと殺したい	42%	18%
別になんとも思わない	22%	16%
彼等も同じ人間だ戦ったのは不幸だった	20%	54%
その他	16%	12%

注　1944年、プリンストン大学社会学研究会調査。
調査対象は、太平洋、ヨーロッパ戦参加各2個師団将兵。

て」と逃げまわる子供を短刀で次々と殺していく。妻は観念してか、はるか北の方日本に向って両手を合わせ〃南無阿弥陀仏〃と唱えながら夫に殺されていく。この世の生き地獄だ。われら軍人は祖国防衛のために死ぬのが本望か知らないが、今ここで親たちに殺されていく子供たちは、どんな気持ちで手を合わせているのだろう。（松浦総三、早乙女勝元ら編著「萬歳岬の虹」、時事通信社）

軍民約二十万人が死んだ沖縄戦の原型が、サイパン島にあったのであった。

海軍兵曹青木隆の手記には、兵士と共に洞窟にいた市民が、米軍の投降をすすめる拡声器に思いあまって出ていくのをみて「出るな！　恥を知れ！」とどなられたことが等が出てくる。

私は一九八二年九月二日、ピースボート（小笠原―サイパン・テニアン・グアム）に講師として参加した。サイパンは沖縄本島よりずっと小さい島だが、十数万人もの敵味方が死闘をくりひろげた戦跡がまだそのままで、戦闘機、対空火器の赤さびた残骸が片づけられもせずに残っていた。南雲司令官室は、岩の厚さが一メートルぐらいもあったが、艦砲射撃で直撃されたのか大きな穴があいていた。

萬歳岬。市民が「萬歳！」を叫んでとびおりた岬は、あまりの高さにはいつくばって見たが、想像するだに地獄の風景であった。

米軍の死傷者は海兵一万四三七人、歩兵三、六七四人計一万四一一一人。日本軍は戦死四万一二四四人、生き残った約二〇〇〇人、五％が捕虜となった。在留邦人は約二万人といわれたが、八〇〇〇〜一万人が戦没した。（戦史叢書「中部太平洋陸軍戦」防衛庁戦史室編）

戦闘終了後、六週後までの米軍による生存収容者は、日本人一万〇四二四人、チャモロ人二三五〇人、カナカ人八七五人、朝鮮人一三〇〇人合計一万四九四九人であった。

この表のように、米国人と米兵は先制奇襲攻撃をした「卑怯」な日本人を強く憎んでいた。だが、子供をだきしめて萬歳岬に身を投じる母親、一家がならんで手榴弾で全滅する姿をみて「憎悪よりも重苦しい気持ちに胸をふさがれた。走り寄ってくる子供がいると、涙を流して抱きしめ、水筒の水を飲ませる海兵もいた。だが多くの兵士たちは、習い覚えたはずの日本語も忘れ、ただただ銃を握りしめて立つばかりだった」（児島襄「太平洋戦争」中公新書）

「テニアンの末日」

慶治の飛行艇は、サイパン決戦前に撃墜されたのか、故障し搭乗員をおりて陸戦隊に組み込まれ、その激戦のなかで戦死したのか、その場所も遺骨も永遠に不明である。

テニアン島はサイパン島と四キロ。ピースボートの私たちは飛行機で行ったらすぐついた。ここも激戦九日、七月二十四日全員戦死した。

作家中山義秀は生き残ったわずかな人々の証言に基づいて「テニアンの末日」（『昭和戦争文学全集』5、集英社）を書いた。

死骸は敵砲爆弾で死んだ者よりも、居留民同士で殺し合った者の方が多かった。鋸で首をひいたらしい子供の死骸があった。鋸がそばにうち捨てられてあった。手ぬぐいで首をしめ殺された若い女の死骸もあった。刃物がないため硝子瓶のかけらで頸動脈をかき切ろうとして血まみれとなり、まだうめいている男もいた。そうかと思うと赤ン坊を海へ投げ込んで、髪をふり乱し眼をつり上げ恐ろしい形相をしながらあらあらしい息遣いをしている母親があった。きっと良人と離ればなれになったか死別したかして、恐怖と絶望のあまり錯乱してしまったものであろう。

居留民等は敵が上陸してくれば、みな殺しにされるものと考えていた。軍もそのように宣伝していた。すでに敵飛行機上からしばしば降伏勧告のビラがふりまかれ、島を周って敵巡洋艦上からも降伏者には危害を加えない旨の放送があったが、彼等はそれを信じようとはしなかった。

私の行った所は、司令部跡の骨組みだけのこっていたが草がおいしげり、B二九爆撃機の滑走路―広島・長崎の原爆もここから発進した―も使われていなかった。

この二つの島と戦争の残骸品がそのまま赤さびて、海岸にころがっているのを見て、慶治を偲んだ。まさに往時茫々であった。

【3】ソ連・北千島最北端の占守島戦と栄助

潰滅した沼津市で

私は敗戦を機に、原隊の土浦に帰り、解散。米や毛布、缶詰などリュック一杯のものを受けとり、戦友たちと別れて沼津へ帰った。途中の東京は列車からみても一面の焼け野原であったが、沼津駅からみた沼津市内も驚きであった。見渡すかぎり家々は焼け、以前は駅から見えなかった浅間神社の大鳥居だけが立っているという風景であった。

だが、千本の実家は無事にのこっていた。留守居役の母りゅうと兄嫁晶子の話しだと、敗戦一ヶ月前の七月十五日にB二九の全市空襲があったが、周りの人々がみな千本浜などにかけこんでいったが、二人は「子供たちがお国のために命がけで戦っているのに逃げることはできない」と家にとどまった。カーチス・ルメー将軍率いるB二九長距離爆撃機編隊は、都市の全滅、一般市民も敵軍の一味として丸焼き、皆殺しの焦土作戦に転じていた。

静岡県では、静岡市、浜松市、清水市、沼津市が潰滅した。
樋口家は百坪の庭に六発の焼夷弾がおちたが、二人がバケツの水と毛布で消し止めたという。かくて市内は全焼全滅したが、我が家は生きのこったのである。

もう間もなく兄たちも帰ってくるだろう、と思う間もなく、八月三〇日に栄助戦死の第一報が入った。北海道美幌航空隊いらい「下宿（海軍用語）」として親のように親切にしてくれた近藤やす代さんからの八月二六日付の手紙であった。北千島占守島で同じ隊にいた戦友がしらせてくれたのである。

栄助戦死などまったく考えていなかったので衝撃が大きく、また兄達の中でも二歳ちがいでいつも行動を共にして仲がよく、予科練の先輩だったこともふくめた親近感は格別であった。私は生まれてはじめてさめざめと泣いた。父の死の時には泪がでなかったが、このときはとめどなく溢れた。

富士登山の思い出

栄助が予科練に入隊いらい兄利一につれられて土浦、三重、大井、福岡・筑城《ついき》に面会に行き、家にも二回帰宅したが、特に深い思い出は富士山に純三と三人で登った（十七年七月十五日）ときと、筑城での最後の面会である。

富士登山は純三の発案で、お山開きにちょうど休暇で帰宅した彼と三人で行った。御殿場駅から歩きはじめ—須走口まで三里—往復を徹夜で歩き通した。長い長い青木ケ原樹海、単調な岩だらけの五合目くらいまで、そして八合目くらいからは山小屋に泊まっていた人々も早朝の御来光に合わせて、とぎれることなく山頂へと人々は歩く。

わが兄弟も須走口くらいまではいろいろ話したがあとは黙々と歩きつづけ、夜が明ける頃山頂についた。早朝とて肌寒く酸素もうすく、すこしハアハアしたが、わかく身体も鍛えてあったのですぐに回復し、御来光をおがんだのち下山した。栄助が十六歳、純三が二〇歳、私が十四歳であった。

栄助は純心、まじめ、誠実な人間であったから、登山の朝も帰る日も、六時頃一人でおき家のすぐ裏を流れるこもち川のすこし離れたところで「戦陣訓」か「軍人勅諭」かわからないが、直立不動の姿勢でパンフをささげ読んでいた。

昭和 16 年 9 月、まだあどけなさの残る栄助 15 歳。海軍三等飛行兵となる。

筑城航空隊は、海軍の実戦基地であり、いまは海上自衛隊基地となっている。利一兄が連れていってくれた面会は昭和十九年一月、沼津からの各駅停車は超満員で、人々は窓から出入りするこみぶりで、岡山まで身動きできない立ちっぱなしであった。瀬戸内海の多島海をみたときは、その風景の美しさに感嘆したが、一昼夜かかって到着。下宿先の農家で泊まった。彼は海軍に入って三年近く、口調も態度もちがってきびきびしていた。夜はこたつでその家の子供もふくめトランプなどやり、コタツでゴロ寝をした。

まだまっくらの早朝四時頃、飛行場はエンジン始動がはじまり、発着の轟音が寒風をつきさして轟く中を、正門まで歩き、そこで別れをつげた。

彼は敬礼して隊門をくぐったが、それが永久《とわ》の別れになろうとは、その時は考えなかった。私もあとにつづこうと誓いつつ。

かれは筑城に約九ヶ月いたのち、鹿児島・鹿屋基地をへて四月北海道美幌基地へ、更に十九年七月、北千島最北端の占守基地に配置される。栄助の人生、運命はここで一変する。

北の対米最前線基地

「絶対国防圏」サイパン・テニアンの陥落は日本軍に大打撃となった。B二九がここから本土爆撃を可能にしたのである。

日本軍は「本土決戦」を陸軍中心で備えだした。大本営は米軍の対日攻撃作戦を次の四方向と想定した。

一、アリューシャン列島から千島方面に向うもの。

二、中部太平洋から、直路日本本土へ。
三、中部太平洋から台湾、沖縄をへて本土へ。
四、ニューギニア、濠北方面からフィリピンをへて本土へ。
キスカ撤収作戦（十八年七月）の後、大本営は前記一の攻撃経路を懸念した。栄助の属する北東海軍航空隊は、この対米戦略配置最前線に位置していた。

千島諸島は北海道から東北方カムチャツカ半島へいたる人口の疎らな四十七の火山島のひとつながりであって、総面積約三千九百四十四平方マイル。常時の人口は全部日本人で一万七千五五〇人（一九四〇年）。日本は一八〇〇年頃から南千島諸島を所有し、カムチャツカ半島から北千島へ南下したロシア帝国は一八五四年（下田条約）、これら南千島諸島における日本の権利を承認した。一八七五年（樺太-千島交換条約）、樺太全島はロシア領、千島全島は日本領と交換の条約がむすばれ、千島全域は北海道庁の管轄下にはいった。千島の経済的重要性はもっぱら漁業で、それは日本人の食生活および輸出産業の重要な要素をなしている。

北千島はパラムシル、シムシュ、アライトの三島からなって、漁業および空軍基地として重要である。北千島周辺の漁業のみで、全千島漁業生産高の七七％（一九三八年）をあげている。地理的には北千島三島はカムチャツカ半島の延長である」（「ヤルタ——戦後史の起点」藤村信、岩波書店）

栄助らが配置された占守島《シムシュ》は、千島列島の最北端でロシア・カムチャツカ半島からわずか一三キロ、東西一八キロ、南北三〇キロの小島。「日本政府は北千島のアイヌを、本人たちの意向は無視して日本国籍に編入し、最北端の占守島に住んでいたアイヌへのロシアの影響をおそれ、彼等を全員（九七人）列島の南端に近い色丹島《しこたん》に強制移住させた」（「朝鮮人強制連行強制労働の記録―北海道―千島・樺太編」現代史出版会）

当時北千島海軍部隊指揮官であった伊藤春樹中佐は記している。

「北千島の冬は長く、猛烈な北東信風に荒れ狂う地吹雪、そして夏は、駆逐隊にとっても前続艦の航跡も見失うという、深い海霧に明け暮れる不毛の地域である」（「終戦後の日ソ戦闘―ソ連軍千島列島占領の真相」軍事雑誌「丸」―北海の闘い、千島・アリューシャン戦記―潮書房）が、地理的に軍事的適地であり、対米最前線基地として占守島に片岡基地が昭和十九年夏に完成する。

陸軍は北海道、東北の精鋭軍を派遣して二〇年には約二万四千人。海軍も北東方面艦隊を編成し司令長官は戸塚廉太郎中将（終戦時は海軍大臣候補の横須賀鎮守府司令長官―この人事をみても北東方面をいかに重視していたかが分かる。）

戸塚長官は総司令部を北海道・千歳から占守島に移したが（昭和十九年）、米軍との決戦近しとみたのであろう（「戸塚廉太郎伝」刊行会）。軍令部指示ですぐに千歳基地に移転したが。

八月九日、突如、ソ連軍侵攻

伊藤春樹中佐は、次のように記している。

ソ連軍の北千島不法上陸――孤島に聞く終戦の大命

北緯五十一度にある北千島の夏は短く、秋は足早にやって来る。八月に入ると、食糧確保のため空襲下にあって操業中の北洋漁業も、もはや終末に近くなる。

二万五千余名の陸軍守備隊も、本土決戦の決定に伴なって、北海道方面に転進作戦を開始した。南方戦線からあいついで伝えられてくる友軍玉砕の悲報、広島と長崎にたいする原爆の投下、そして日ソ不可侵条約を一方的に破棄し、八月九日、突如、参戦したソ連軍。

そのソ連軍の、満州領内になだれのごとく侵攻した報を聞きながら、やがて訪れる厳しい冬を前に、北千島部隊は腹背に敵を受けて、暗たんたる気分に閉ざされていた。

八月十四日に至ると、米軍による空襲はぱたりとやみ、サンフランシスコの海外向け短波放送は、日本の無条件降伏を繰り返し放送しはじめた。

だが、終戦については、中央からは何らの命令もない。ただその夕刻、明八月十五日正午、天皇陛下から直々のお言葉があるから、ラジオをＮＨＫ短波放送に合わせて待機せよ、との異例の命令を受信した。

八月十五日、私たちは第一種軍装に帯剣、威儀を正して正午を待った。終戦の大命は、とぎれ

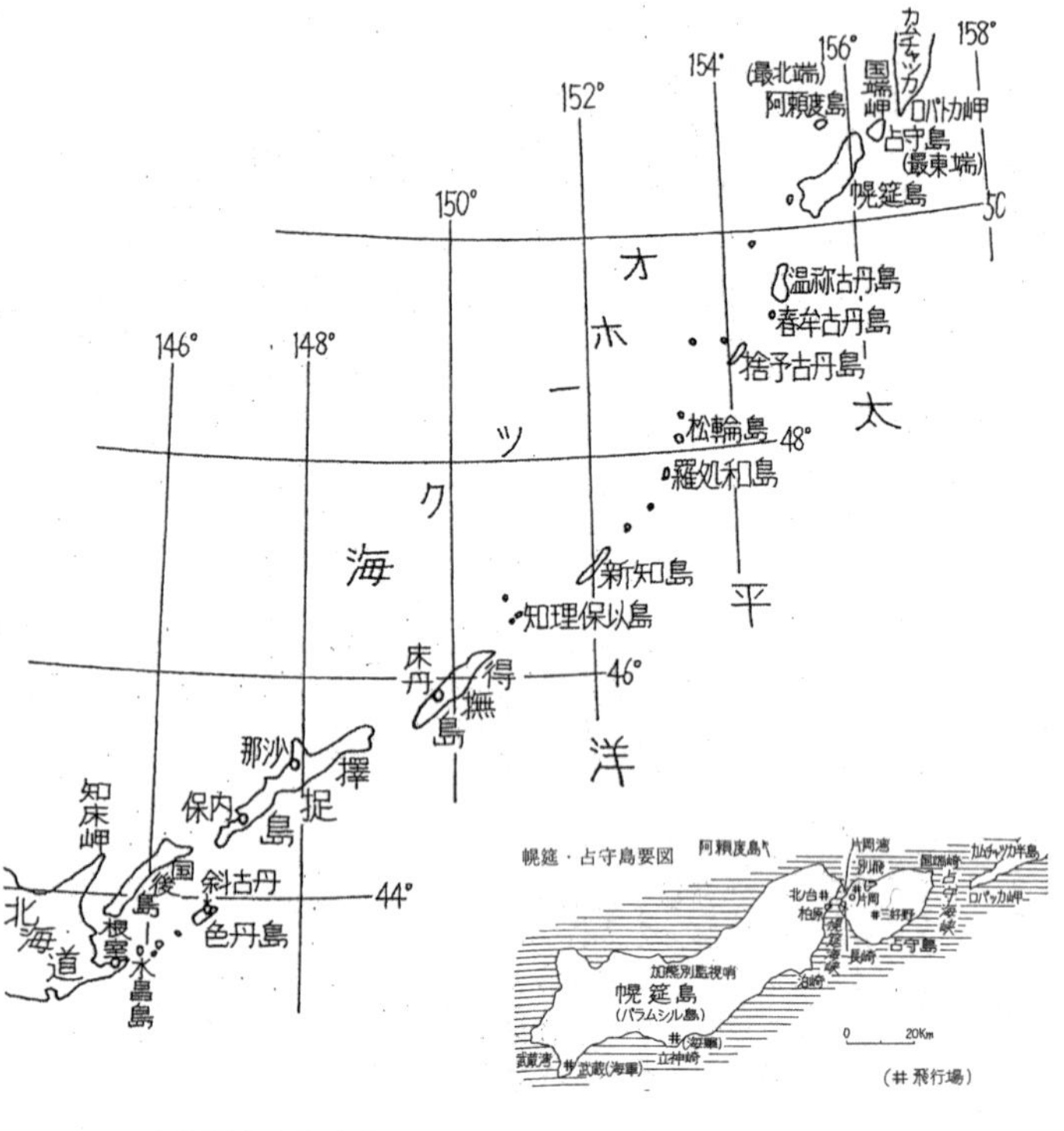
カムチャツカ
156°
158°
154°
152°
150°
(最北端)
阿頼度島
国端崎
ロパトカ岬
占守島
(最東端)
幌筵島
50
オ
ホ
ー
ツ
ク
海
温祢古丹島
春牟古丹島
捨子古丹島
松輪島
48°
羅処和島
新知島
知理保以島
太
平
洋
146°
148°
床丹
得
撫
島
46°
那沙
択
捉
島
保内
知床岬
国
後
島
斜古丹
44°
色丹島
北海道
根室
水晶島
幌筵・占守島要図
阿頼度島
片岡湾
別飛
国端崎
カムチャツカ半島
北台
片岡
柏原
三好野
占守海峡
ロパッカ岬
幌筵海峡
長崎
占守島
加熊別監視哨
泊崎
幌筵島
(パラムシル島)
0
20Km
(海軍)
立神崎
武蔵湾
武蔵(海軍)
(井 飛行場)

千島列島と占守島

とぎれにこの北海の孤島にも伝えられた。

軍人の誰しもがそうであったろうが、予期しなかった大命を謹聴して、混迷と虚脱の状態に陥った。将来にたいする不安もあった。とくに情報部隊の気持は暗かった。

その夜、酒の酔いもまわらず、私は終戦の第一夜を眠られぬままに明かした。

はるか北端の孤島における八月十五日の天皇放送を聞いた時の絶望的な状況がよくでている。

八月十八日—われ敵艦に突入す

だが、歴史の皮肉で舞台は一転する。敵はアメリカではなく、中立条約を結んでいたソ連（ロシア）に大転換した。すでに八月九日にソ連軍は欧州戦線から三ヶ月かかって大移動した部隊が、満州（中国東北部）国境からおそいかかっていた。ほぼ同時に朝鮮国境をこえて北朝鮮へ、南樺太へと攻撃した。

占領史研究家の竹前栄治（東経大）によると、終戦の八月十五日、ソ連極東軍司令官ワシレフスキー元帥はカムチャツカ地区司令官に対して、八月二十五日までに北千島三島（シムシュ、パラムシュル、オネコタン島）の占領を命令した。

また八月十六日には、スターリンは後述のヤルタ密約を上回って、ソ連軍による北海道北半部の占領をアメリカに提案するが、新大統領トルーマンは拒否した。

北千島の日ソ戦は、「八・一五」で第二次大戦は終了したのに——政治・軍事史はみなそうなっている——新たにはじまった。

栄助らの運命は、対米戦なら終了し生き残ったのに、対ソ戦となって一挙に暗転する。当日の激戦を伊藤中佐の記録でみてみよう。

八月十八日未明、私は機密書類の焼却作業など終戦の後始末でくたくたに疲れて、熟睡中であった。そこへ対岸の柏原にある第九十一師団司令部の柳岡参謀長から電話があった。「赤軍約一コ旅団、国端崎に上陸中」という。まさに寝耳に水とはこのことで、暁の夢を破られたのである。急いで飛び出すと、ミルク色の冷たい霧があたり一面に流れていた。

やがて北東方面艦隊司令部から、・自衛のため作戦行動をとれ・という命令電報が届いた。しかし、・自衛戦闘・とはいかにすべきものなのか。いままで教育されたこともない。一瞬、私はどうすべきかと迷った。

情報部隊としては、このさき生き永らえてどうなるものかといった、白虎隊にも似た悲壮な決意と、大命による終戦であるからには、いまは死ぬ時ではないと言った気持ちが相交錯して、非常に複雑な気持ちであった。

とにかく、私は海軍部隊の先任将校として、海軍陸上部隊（約一千人）にたいして、戦闘配備につくよう指令した。夢想だにしなかった終戦の大命に、一時は放心したかに見えた若い水兵たちも、ふたたび生気を取り戻した。そして、真新しい軍装と白鉢巻きに鉄かぶとという雄雄しい出で立ちで配備線に走った。

ソ連軍、占守島へ

伊藤中佐は別に「週刊読売」（一九五六年七月一日）の「北千島・終戦秘録―ソ連軍はこうして占守島へ進攻した」で次のように戦況を記している。

眼前で特攻機が体当り　私は千島守備隊（第九十一師団）本部の命令で、片岡飛行場から艦攻の出撃を命じた。これは単発の九七式艦上攻撃機で、潜水艦の警戒のため占守島にあったトラの子の三機だ。飛行場から敵上陸の国端岬までは十キロ足らず、滑走路をとびたって北に九十度旋回すれば、もう敵艦船は眼下にいる位置になった。

二百五十キロ爆弾二個をかかえた艦攻はエンジンの音も快調に三機は編隊をなして離陸していった。「無事でいてくれ！死をはやまってくれるな」と、念ずる司令の私だった。雨模様の空は北海特有でどんよりと低くたれこめている。指揮官喜多大尉（電気大学卒）の純白の絹のマフラーが目にいたい。それにこたえるかのように二番機、三番機のマフラーが真夏の北海の風になびいている。この日、もっとも活躍したのが荒谷、樋口、山中の三等飛行兵曹の乗る三番機だった。

攻撃目標は国端岬付近のソ連海防艦と輸送船の撃沈にある。わが艦攻は、ぐっと機首をさげて、くり返し、くり返し攻撃を加えた。一弾また一弾が黒い点となって敵輸送船に吸い込まれる。大破だ！　炎上だ！　小高い丘から心配そうに行手を見守る友軍は手にアセをにぎる。二隻の輸送船が黒煙の下から赤い炎をあげて燃えはじめた。

三機の抱いた合計六個の爆弾が投下し終った瞬間だった。三番機がぐらっと前へつんのめるように方向を失ったのは——そのまま煙をふきだしていた。

戦じんのヒマをぬすんで、ほおばっていたカンパンの袋を投げだした戦友たちの目は無念の三番機を追った。

自爆だ。最後の力をふりしぼるように機首を海防艦に向けたわが三番機は、黒煙のかたまりとなって体当たりを敢行したのだ。

前の晩、航空隊の宿舎で戦友といっしょに北千島の地酒、岩香蘭酒（野生のコケモモの実からとった酒）をのみながら、予科練の歌を声高にうたっていた若い予科練出身の三人だったのに。

……この日、航空攻撃によって赤軍上陸部隊に与えた損害は、中型輸送船一隻、海防艦二隻撃沈、四隻撃破という、北千島においては開戦以来の大戦果であった。あとで判明したことであるが、赤軍指揮官ディアコフ少将の乗った船も、至近弾により浸水し、少将もずぶぬれで海岸によ うやくたどり着いたという（上陸赤軍将校の談話）。

出撃した戦友からの便り

北千島守備隊は、圧倒的に優勢であったが、所詮は終戦後の目的のない戦闘である。しかもわが方は全く道を断たれ（終戦後の兵力移動は違法）、ソ連軍は対岸のロパトカ岬より増援は自由自在であった。

戦闘第二日目の午後以来、師団参謀長柳岡大佐を長とする休戦協定のための軍使が、数回にわたってソ連軍に派遣された。こうしてようやく協定が成立、方面軍司令部よりの命もあり、休戦協定にもとづく武装解除は、二十二日正午と定められた。

かくて二日間にわたる終戦後の不可解な日ソの激戦は、ようやく終止符が打たれた。

この間における彼我の戦死者数は、日本軍側が合計約六百八十名、ほかに艦攻（搭乗員三名）の自爆一機がある。対する赤軍は一千名以上と推定された。

栄助らは、出撃の時から決死の覚悟だったのであろう。もしも生き残る意志があれば、たとえ敵弾があたっても、味方基地の上空であるからパラシュートで脱出、あるいは、不時着も不可能ではなかったろう。

生き残った戦友が、「丸」誌にのせたものによると「樋口上飛曹は〔われ敵艦に突入する〕」と打電、その直後に二隻めに体当たり自爆し、大音響の爆発音を残して艦もろとも戦死したのであった。フィリピン、沖縄戦における特攻隊の死と同じである。

栄助と同期同班で仲の良かった瀬古孜の「雷撃のつばさ」によれば、三人乗爆撃機の機長は、陸軍は操縦員だが、海軍機は偵察員だったという。ならば栄助機長の瞬間の判断で自爆突入したのであった。先の伊藤中佐の手記は、海軍指揮官として報告を基にしているが、次の手紙は静岡、大井そして再び二〇年五月~八月に占守島で「兄弟の如く苦楽を共にした」戦友からのもので、生死を共にした実感のこもったものである。

栄助と親しかった松永進治(福岡県)は、占守島から台湾基地に転戦となったが栄助戦死をきき、正一兄あての真情溢れる手紙が十一月に届いた。

手紙の末尾に一首があった。

　九州路築後の友は祈るのみ
　亡き栄助君の霊安かれと

ありし日の友をしのべば涙おつ
月さむさむと中秋の夜

栄助と共鳴する心情

また栄助が美幌—占守を通じてたいへんお世話になった、美幌町の近藤正次郎さんは、二二日に飛来帰行した(伊藤手記)戦友から、戦死の様子をきき、いち早く八月二十六日付で沼津に来信、

次の様に記してあった。（「参考資料」参照）

「……待ち居りしところ丁度八月十九日朝ハガキにて便りあり、小生が送りの西郷南州伝三巻を戦友と面白く読みし由申し来れしその夕方戦死の報に接し茫然自失そのハガキが絶筆となりしを残念に存じ候」

私が十六歳で同じ予科練に入隊し（昭和十九年六月）、日記を書きはじめた一頁めには、西郷の言葉の一節を冒頭に記してある。

いま、この一文をつづり近藤さんの手紙を読み返して、私と栄助との心の絆を改めて感じた。奇しくも私はいま、「西郷南州とアジア主義及び勝海舟について」原稿をまとめようとしている。いま、十九歳で戦死した栄助の心と七六歳になって追悼を書く私の心が共鳴しあうことを改めて感じた。

昭和 16 年 10 月、土浦航空隊の栄助。

戦争末期に大流行した「同期の桜」は、ある暗いメロディと軍国調の歌詞である。その一句（いろいろ替えた詞がでた）に、「朝焼けの空を　南をさして　再び帰らぬ友はいま」という一節があった。

沖縄戦への特攻機をうたったものだが、日本最果ての北の海に自爆突入した栄助をかさね合わせて、いつ口ずさんでも胸がしめつけられる。人の絆、兄弟愛のいたらしめるところである。

栄助は十五歳の時に志願して海軍航空兵となった。いまの中学二年生である。彼は一家とくに母の生活の苦労を見聞きして、「口べらし」の意味もあって少年兵となった。二歳違いである私は、末弟ということもあって、そういう感じはあまりなかったが。そして四年間のきびしい海軍生活と訓練をへる中で変わっていった。

戦友・瀬古孜の天皇観

栄助と同期同隊同班で、親しかった瀬古孜（三重県出身）が「雷撃のつばさ」（光人社）を出している。瀬古は、栄助より二歳か三歳年長だったはずである。栄助は班で最年少だった。瀬古はその本の中で、自分の考え―天皇観、生死観、入隊の動機等を率直に語っている。当時の私とも、おそらく栄助とも、その考え方において相当の開きがあった。それを知り、私は強い衝撃を受けた。

昭和十七年七月、霞ヶ浦海軍航空隊、土浦海軍航空隊に天皇陛下がお見えになったことがある。私はこのとき、私がクリスチャンであるとの理由から、訓練に出席することを断った。

打ち明けて言えば、思想とか信仰上の問題からではなく、天皇陛下に閲覧を願うために毎日、毎日おこなう訓練がきつく、馬鹿らしかったからである。

真正面から堂々と、「思想、信教上の問題で、国民のためには戦っても、天皇陛下のためには戦いません」と、訓練への参加を断った。そして、神への祈りと生死観である。

私は国家のため、国民のために敵と戦って攻撃するのではなく、助かりたいために攻撃するのである。床の中で目をつむり、胸の上に手をおき、幼いときからの習慣通り指先を組み合わせて、神に祈った。

「主よ、われわれがどうして戦い合わなければならないのでしょうか。同じ神を信じ、何の憎しみも持たない者同士が、国家という一つの枠にはめられて、兄弟、相せめぎ合って血を流して死んでゆく。これが神の御心なのでしょうか。これが、主の御心ならば、それは罪悪以外の何物でもありません。もし、主が、私にこの世のためになすべきことがあるとお考えになれば、私に生をあたえたまえ。もし、主が私の命を必要と思われるならば、これを召し給え。すべて、主の御心のままになさせ給え。父と、子と、聖霊の御名によりてエイメン」

軍隊での生活は、神の存在を遠いものとしていた。同じ神を信じ合う者同士が、国籍が違うという理由だけで戦い合わされるこの世をつくった神、それを神の意志として許している人々。神が悪くなければ、それを許している人々の罪悪ではないかと思った。

私にとって祈る相手は、仏でも、神道の神でもなんでもよかった。仏教徒でもなく、神道者でもない私は、キリスト教の神に祈るよりほかに方法を知らなかったのである。

私の考えでは、戦いに臨み、とり乱して、あたら助かるべき命を無駄になくすよりは、もっと手近かなところにある馴れ親しんだ神に心の支えを求め、冷静に明日の戦いを戦い抜き、それで死ぬのであれば仕方のないことだと、思っていた。

……攻撃が終わり、基地に帰り着き、着陸する瞬間、敵戦闘機に射たれて墜落する。それも、体に弾丸は命中せず、機体だけに弾丸が当って、そのうえ、操縦機能は失われずに不時着をする。そのとき、飛行機が転覆をして、私は片手か、片足を折る。この程度の負傷で入院したかった。後は内地への転送である。そうすれば、命は助かり、戦う私を外から見れば、勇猛果敢に戦った兵隊に見えるが、そのじつ、私は臆病者なのである。

栄助は、八月十八日早朝の出撃に当って、このような生死観はまったくなかったのではなかろうか。また予科練入隊の動機も、一定の社会生活を経たせいか大人《おとな》びている。

生還を期さない決死隊

もともと、私はお国のためにとか、身を君国に捧げるなどという崇高な気持があって飛行機乗りになったのではない。一般社会からのはみ出し者として、行くところがなく、いずれ二十歳になれば徴兵で軍隊にとられ、ぶん殴られて苦労するのだから、それが嫌さに、ちょっとお先に失礼をして若い間に苦労をし、同年輩の者が軍隊に来た頃は、涼しい顔をしてらくをしていたいという横着心から軍人になっただけである。

彼は北千島基地から、フィリピン決戦にむけて急遽転隊となり、台湾沖航空戦やフィリピン航空戦に参加、米巡洋艦を一隻撃沈したと記している。

日本海軍航空隊の最後の熟練搭乗員は、彼によれば瀬古や栄助ら乙十六期、甲九・十期、兵学校七十一期、予備学生十二期というが、その約三千人の大半が動員され、本書でも紹介したように、乙十六期の場合一二三七人中で戦死者八三四人、戦死率六七%という高さに上ったのであった。

瀬古は、大西瀧次郎中将・軍令部次長の発案した特別攻撃隊に批判的であった。特攻隊は片道の燃料のみで、二五〇キロ爆弾を搭載して敵艦に体当たり自爆する。はじめから生還することを断念した決死・必死隊で、海軍首脳部にも批判が多かった。生還をはじめから期さない決死隊には、日露戦争の東郷平八郎、太平洋戦争の山本五十六元帥らは反対であったのである。

大西中将は、その責任をとり、八月十六日の敗戦の翌夜（彼はポツダム宣言受諾、敗戦に反対し強く反対意見を上申したが米内海相の命に服した）に、割腹自殺した。海軍作戦の最高司令は軍令部にあったが、敗戦と共に中心の大西軍令部次長の自決によって崩壊した。最高戦争指導会議は、総理、陸軍、海軍、内務、大蔵各大臣と陸軍参謀総長、次長、海軍軍令部長、次長の九人であったが、阿南陸相と大西次長の二人が自決した事で中枢が瓦解していた。八月十五日の天皇放送が決定的であったことと共に、占守島の対ソ連戦は、二重の意味で抗戦する意味も命令系統もなくなっていた。さらに栄助らは、先にみたように味方基地の上空であり、エンジンを撃たれてもパラシュートで脱出することは充分可能であったであろう。瀬古孜ならどうしたであろうか。

が、十五歳で志願し「お国の為に」「天皇の為に闘い死す」という教育を身につけた十九歳という若き青年にとって「一死報国」以外にありえなかった心境だったのではなかったのであろうか。

現場でその戦闘と敵艦突入を目撃していた司令官や同僚の手記を読み、敗戦とその三日後という明治以来の帝国軍隊の崩壊と解体中の混乱、混沌の状況と合せて考える時に残念であったとしか言いようがない。帝国主義戦争とその教育のいたらしめた悲劇的結末であった。

嗚呼!

【4】アジア太平洋戦争とは何だったのか

過去に学ばない者は

すぐる大戦争は、当時大東亜戦争と称されたが、戦後は太平洋戦争（米国の戦争名）や十五年戦争（鶴見俊輔）などにただされた。さらに広大な中国戦線は予想をはるかにこえて長期化し、さらにインドに近いミャンマーにまで拡大したことから、アジア太平洋戦争という名称がより正確なのである、等とされている。

その名称が定まらない内に、再び戦前的な思考が強力に復活しはじめ、旧大本営陸軍参謀課の有力者、瀬島龍三（一九一二〜）は、一九九八年「大東亜戦争の実相」（ＰＨＰ研究所）を出版した。

この書は一九七二年一月、米国ハーバード大学で国際関係学者約五〇人に「一九三〇年代より大東亜戦争開戦までの間、日本が歩んだ途の回顧」のテーマで講演したものである。瀬島は大本営陸軍参謀の英才として若き二六歳の時に、開戦指令電報を起案し、敗戦時には総兵力約一〇〇個師団以上、三〇〇〇万人の大軍を動かした数人の中枢参謀の一人であった。強大な権限をもった彼が、敗戦後二七年をへて明治憲法の「統師権の独立」問題や日清、日露戦争から、満州事変・支那事変(日中戦争とは決していわない)、日米蘭戦争にいたる戦争を体系的に総括したはじめてのものであり、それ以後もこれに類するものはないその道の最高軍事総括書とされる。

このなかでは大東亜戦争、支那事変などは当時の名称もそのままである。「終章 回顧よりの教訓」は、「教訓一・賢明さを欠いた日本の大陸政策」「同二・早期終結を図れなかった支那事変」「同三・時代に適応しなくなった旧憲法下の国家運営能力」「同四・軍事が政治に優先した国家体制」「同五・国防方針の分裂」「同六・的確さを欠いた戦局洞察」「同七・実現に至らなかった首脳会談」と、七つの反省と教訓が歴史的に総括されている。

大国家戦略(政治優先)がなかったこと、軍事第一主義、しかも陸海軍の分裂戦略など軍事的反省はある。その軍事思想と戦略は、先輩の石原莞爾中将の戦争哲学すなわち満洲建国で大陸戦争はうちどめして支那戦争に拡大するべきでなかったとする戦略論を肯定し、そのうえでの問題点と反省を特徴とする。

石原中将は瀬島龍三をはじめとしてかなりの軍人を中心に、左翼革新系の淡谷悠蔵、鈴木安蔵、市川房枝に至るまで「信者」が多い。だが、佐高信は「放火犯の火消作業」(『石原戦争史大観』解説、中公文庫)と言い、猪木正道は、前記書で石原の「現在及び将来における国防」という満州事変直前の構想を以前から批判していた。

しかし、世界征服を唱える石原構想の一番大きい欠陥は、国際法と国際政治の観点が完全に欠落していたことである。日本は一九二二年二月六日、中国の領土保全、機会均等に関する九ヶ国条約に調印していた。さらに一九二八年八月二七日、日本を含む一五ヶ国が不戦条約に調印した。石原構想を実現しようとすればこれらの諸条約に違反することになり、日本は全世界から侵略者として非難弾劾される恐れが多い。……石原構想はまわりの国々すべてを敵とする絶望的な自爆戦争に突入する危険を蔵していた。

瀬島の思想と戦略総括は、日清、日露戦争いらい大東亜戦争に至るまですべては「止むをえざる自存自衛戦争」論である。

瀬島は、軍事・経済（戦後は伊藤忠商事会長、東商特別顧問等）・政治・安全保障戦略のオールラウンドに通じた「日本国の参謀総長」として、田中角栄、福田両元首相らは高く評価した。中曽根首相は国鉄、電々民営化等の第二次臨時行政調査会（土光臨調）の実質上の最高指導者に招請し、かつ日韓関係等の外交もふくむ最高のコンビを形成した。

以来自民党、財界の「参謀の神様」として熱狂的信奉者群を生み出し、現実政治でも竹下、橋本、小渕内閣にいたる最高顧問であった。

だが彼には、この小論における高木惣吉少将の戦争指導部批判や、歴史学者藤原彰らの厖大な餓死者等の問題点への反省はなにもない。とくに朝鮮、中国や東南アジア諸国への帝国主義・侵略戦争としての加害国、加害民族であったことへの自己批判は皆無なのである。

中曽根元首相は、若き日よりナショナリズム・改憲政治家として登場し、保守右派の代表的政治家であった。

一方、彼の戦争総括は、「私は大東亜戦争について、米英に対しては普通の戦争でありアジアに対しては侵略戦争であったと、総括します」と明言する。(「永遠なれ、日本」中曽根康弘・石原慎太郎対談、PHP研究所)。つまり中国や東南アジア諸国に対しては日本の侵略戦争であり、米英戦は「普通の戦争」すなわち帝国主義国間の戦争であった、という大筋では妥当の評価である。

前記の京大教授、防衛大学長等をつとめた猪木正道は、「軍国日本の興亡」の結論を「自爆戦争へ」として次のように断言した。

「大東亜戦争という美名の下に始まった戦争は、自爆戦争としか名づけようがない」「その結果は空前の惨敗となった」「軍国日本が自爆したのは、軍に立憲国家を超えた特権的地位を与えた結果である」「軍事力が暴走しはじめた時、わが国は国際社会に孤立して、自爆ないし自殺に追い込まれたのである」

石原は中曽根を「最も尊敬する政治家」と公言してきたが、彼の大東亜戦争論は、東南アジア諸国の民族独立に寄与したというもので、中曽根のいう「侵略戦争であった」という視点はない。

この十年余、日本の再びなる右傾化は著しく、教科書問題、小泉首相の靖国神社参拝に対する韓国、中国の批判はきわめて強い。「日帝三六年の植民地支配」と共に、中曽根は「大正四年に大隈内閣が行った対華二十一ヶ条要求」いらい「中国人の恨みを買い、抗日の火の手をおこした」など「日本の指導者の愚劣さや間違いをまず反省しなければならない」とする。（前記書）

今日のアジア政策も東南アジア諸国プラス日中韓三ヶ国の東アジアの地域圏をつくり、政治的共同体を目指すべきとする。

中曽根は民族主義・右の政治家ではあるが、大東亜戦争総括は一定に正確であり、東アジア共同体論の内容はともかく枠組みは的確である。私と思想や政治、憲法論などは一八〇度違うがこの点は共通する。

イラク戦争は、フセイン政権が「大量破壊兵器」をもち、テロリストと連なるという大義名分で、米帝国のネオコン（新保守主義）が先導し、チェイニー副大統領、ラムズフェルド国防長官らが強行した「ブッシュの戦争」であった。が、米調査団が一年余もかけたにもかかわらず大量破壊兵器は何もなかったのである。大ウソをついたのである。その米国ネオコンの亜流である、日本型ネオコンといわれる石原に連なる安倍晋三ら「戦争を知らない大人たち」の歴史認識と政治勢力化が強まっている今日、「大東亜戦争」からアジア太平洋戦争への道とは何だったのかが、根源的に問われている。

その全面展開は本書の目的ではないから省略する。が、次の二つ、ヤルタ密約は栄助戦死の歴史的背景であり、高木少将は太平洋戦争における陸海軍指導部を最もよく知る一人のリベラル提督として、根源的に峻烈に批判したものである。

ヤルタ協定と知られざる密約

私は戦後長い間、「八・一五」で戦争は終結したのに、なぜ、栄助らはその三日後に戦闘したのか、重い疑問にとらわれつづけていた。生きて帰れたのに、その後も続いた戦闘のために戦死したのだ。なぜか？

形式的には、九月三日、戦艦ミズリー号上で降伏文書に調印（マッカーサー最高司令官と日本全権重光大使が調印）した時が、正規の「終戦」なのである。

そしてもう一つ、ヤルタ条約（二十年二月四日〜十一日）と「密約」があった。

当時の三大国、アメリカ・ルーズヴェルト大統領、イギリス・チャーチル首相、ソ連・スターリン首相兼党書記長の三巨頭会談で「クリミア会議の議事に関する議定書（ヤルタ協定）」が確定された。世界と歴史に知られたヤルタ協定である。そこでは、戦後の国際連合の枠組みについて合意していた。ドイツ降伏の三ヶ月前、日本降伏の六ヶ月前であるが、ここでは、ドイツの分割やポーランドなど欧州諸国と国境線にかかわることでも合意していた。

だが、同時に締結された「極東問題に関するヤルタ密約」では、外蒙古、サハリン、千島諸島そして満州の大連、旅順、満鉄のことだけ、つまりソ連が対日戦にかかわって要求した東北アジア地域のことだけについてだけを取り決めた。そしてこの密約は、ヤルタ協定の署名が三国外相であるのに、「クリミア会議に関する三首脳のコミュニケ」と共に三国トップのヨシフ・V・スターリン、フランクリン・D・ルーズベルト、ウインストン・S・チャーチルの三国トップが署名している。いずれも一九四五年二月十一日である。その密約は次のようなものである。

〔極東問題に関するヤルタ密約〕

三大国―ソ連、アメリカ、英国―の指導者は、ドイツが降伏し、かつヨーロッパの戦争が終結して二、三ヶ月後、ソ連が左の条件にしたがい、連合国に与して日本に対する戦争に参加することについて合意した。

1　外蒙古（モンゴル人民共和国）の現状の維持。

2　一九〇四年日本の裏切りの攻撃によって侵害されたロシア国の旧権利を次のように回復する。

（A）サハリン（樺太）南部とこれに隣接するすべての島々はソ連に返還される。

（B）大連商業港は国際化され、同港におけるソ連の優先的利益は擁護される。また、ソ連の海軍基地としての旅順港の租借権は回復される。

（C）東支鉄道および大連への出口を供与する南満州鉄道は中ソ合弁会社の設立により共同に運営される。ただしソ連の優先的利益は保障され、中国は満州において完全な主権を保有するものとする。

3　千島諸島はソ連に引き渡される。

前記の外蒙古、港湾、鉄道に関する協定は蒋介石総統の同意を要するものとする。大統領はスターリン元帥から通告のあり次第、右の同意を得るための措置をとる。

三大国の首班は、日本の敗北の後、ソ連の右の諸請求が確実に実行されることについて合意した。
一方ソ連は、中国を日本の軛から解放する目的をもって、その軍隊により中国を援助するため、中ソ友好同盟条約を中華民国政府と締結する用意があることを表明する。

ヨシフ・V・スターリン
フランクリン・D・ルーズベルト
ウインストン・S・チャーチル

一九四五年二月十一日

スターリンは、日露戦争（一九〇四～五年）について「日本の裏切りの攻撃」と言い「侵害されたロシア国の旧権利」の「復活」を公的文書としての「密約」にもりこんだのである。これが社会主義国代表がいうことか。驚くべき民族排外主義であり帝国主義感覚である。日露戦争は不凍港を求めて南下するロシア帝国と新興日本帝国の激突にその本質があった。

戦後、韓国の（当然反共の）初代参謀総長白崇仁大将（のち連合参謀会議議長、フランス大使、交通部長官等歴任。九五年に日本国勲一等瑞宝章受賞）は「若き将軍の朝鮮戦争」（二〇〇〇年、草思社）で言う。

日清戦争は「日本としては決死の覚悟で踏みきった戦争であったろうし、軍規が厳正であったにせよ、韓国としてはいい迷惑であった。頼みもしないのに治安を回復してやるといって日本軍と清国軍が韓半島に進出してきて、わけもわからぬまま戦闘行動を認めさせられた」。日露戦争についても「頼みもしない」のに「日本は韓半島を軍事力で制圧し」「韓半島を半植民地化して戦ったのである」と。

米ソの駆け引きの結果

日本帝国は十五年戦争・中国侵略戦争で、莫大な人的物的損害を中国に与えた。時価評価すれば何百兆円というものであろう。だが敗戦時に国民党蒋介石総統は「暴に報いるに徳をもってする」として一円の賠償金もとらなかった。直後の国共内戦への配慮があったといわれるが、「仁義の東洋道徳」で対応し、毛沢東革命政権も同じであった。現在までも続いている日本の中国へのＯＤＡ予算は、その配慮も含まれていようか。

この「政治と道徳」を全くなくしたのがスターリンであり、一方では日本帝国であった。この事実への強い反省が今も問われているのである。

スターリン・ソ連は、かねてからの懸案でとくに米国の強い要請であった対日参戦の付帯条件をつけたが、ルーズベルト大統領はソ連要求を丸のみにして「密約」をしたのであった。しかも大連、旅順、満鉄は中国領なのに蒋介石政権に一言の相談もなくきめている。一方、スターリンは中共・毛沢東主席を「まがいもの共産主義者」と見下して、戦後は蒋介石と協力してすすめる意向も隠さなかった。

この密約は極秘扱いとなり、米国でもマーシャル参謀総長ら数名のみが知らされただけで、副大統領トルーマンにさえ知らせなかった。ルーズベルトの急死後に大統領となったトルーマンは、大金庫をあけてこの密約をみてびっくりした、といわれる。(藤村信「ヤルタ―戦后史の起点」岩波書店)

ルーズベルトがスターリンの要求を丸のみにしたのは、日本軍の狂気によってせまりくる本土決戦で膨大な被害が予想されたが、ソ連参戦によりそれを回避するためであったといわれる。

すなわちサイパン決戦に典型的な玉砕戦法、捕虜は市民もふくめてごくわずかというあり方と、神風特攻隊につぐ特攻攻撃等との決戦が予想されたからである。事実、サイパン島では日本軍は約四万人が全滅、翌二〇年二月の硫黄島では二・三万人が潰滅戦死、四~六月の沖縄戦では軍民合わせて二〇万人が戦死。米軍もまたサイパンでは一万四一一一人死傷、硫黄島では日本軍より損失の多い二万四八五七人が死傷、沖縄戦では三万一七〇〇人死傷に達していた。

沖縄戦の特攻出撃機数は二五七一機、もとより全員戦死であった。

米軍による本土攻撃は、九州宮崎、関東相模からの上陸戦と百万人投入が計画されたが、サイパン→硫黄島→沖縄戦に見られる如く、米軍側も有史いらいの膨大な戦傷者が想定されていた。それを二月段階で回避するべく構想されたのが、ルメー・カーチス将軍による本土焦土空襲作戦―市民も軍隊同様に皆殺しにする―であり、政治的にはヤルタ密約であった。

あまりにもおろかな日本軍首脳

日本軍とくに陸軍首脳はまさに「狂気」となり、本気で本土決戦を主張。参謀本部は新たに一五〇万ほかに海軍数十万の動員、作戦、兵站部隊は実に一九〇万、自動車は民間保有の半数、馬匹は適齢馬の七分の一。さらに男子六五歳以下、女子四五歳以下の国民義勇隊、男子六〇歳以下、女子四〇歳以下の国民戦闘隊計二八〇〇万人という大動員計画であった。

しかしその「素質も頼りなかった。新動員要員はすべて三〇〜四〇歳、当時の平均寿命は男四六・九歳、女四九・六歳。いわば「老兵」であり、しかも連日の食糧不足に体力は衰えている」。（児島襄著「太平洋戦争」）

日本国民八千万人の玉砕作戦である。しかも、食糧は絶対的に不足し、秋には多くの餓死者がでることも官公庁中央部は知っていた。

十五年戦争、そして最後の太平洋戦争で日本の支配層とくに軍指導部がいかにおろかであったか、その例証を最後に見てみよう。

昭和五十二年、旧陸軍将校たちが、大東亜戦争の開戦経緯について行った座談会記事（『偕行』）によれば、開戦前の陸軍の状況判断は、「アメリカにはギャングがおってな野蛮な国であるという気持ちが非常にあった」「対米作戦では、フィリピン攻略に三個師団、グアム占領に一個旅団を使う。それ以外の対米作戦は全て海軍作戦と思っていた」「独・ソ陸軍は世界第一流であるが、米陸軍は第四流」という程度のものであった。

敵を知らず己を知らずもいいところだということであろう。(「反戦大将　井上成美」生出寿著)

軍事作戦は、①情報、②作戦、③後方を一体とする。日本軍は、極端に①と③が弱かった。昭和二一年四月、米軍はアメリカ政府に対して「日本陸海軍の情報部について」という文書を提出している。

①軍部の指導者はドイツが勝つと断定し、連合国の生産力、士気、弱点に関する見積もりを不当に過小評価してしまった(註、国力判断の誤り)。②不運な戦況、特に航空偵察の失敗は、最も確度の高い大量の情報を逃す結果となった(註、制空権の喪失)。③陸海軍間の円滑な連絡が欠けて、せっかく情報を入手しても、それを役立てることが出来なかった(註、組織の不統一)。④情報関係のポストに人材を得なかった。このことは、情報に含まれている重大な背後事情を見抜く力の不足となって現れ、情報任務が日本軍では第二次的任務に過ぎない結果となって現れた(註、作戦第一、情報軽視)。⑤日本軍の精神主義が情報活動を阻害する作用をした。軍の立案者たちは、いずれも神懸かり的な日本不滅論を繰り返し声明し、戦争を効果的に行うために最も必要な諸準備を蔑ろにして、ただ攻撃あるのみを過大に強調した。その結果彼等は敵に関する情報に盲目になってしまった(註、精神主義の誇張)

大本営情報参謀の堀少佐は「あまりにも的を射た指摘に、ただ脱帽あるのみである」と述懐した（「大本営参謀の情報戦記」）

陸海軍首脳への峻烈な批判

高木惣吉は、名著「太平洋海戦史」（岩波新書、改訂版一九四九年、七四年第二十四刷）で、次のような峻烈な批判を特に陸海軍首脳と指揮官に対して行った。絶版になっているので中心点を引用したい。

太平洋戦争を通して痛感されるところは、戦争指導の最高責任の側に立った政治家、軍人たちの無為、無策であり無感覚であったことである。それは彼等が知識に乏しく勇気を欠いたという意味では決してない。又彼等が悉く平和と人道の反逆者であったという意味でもない。ただ彼等の技術なり知識なり勇気なりが、大は国策の指導から小は一作戦の遂行に対して、有利な決定的効果をもたらした例は殆ど見当たらず、むしろその強情、軽率、油断及び怯懦が災害を招いた実例は山ほどもあげることができるであろう。

殊にその構想力の欠乏、政治的ヴァイタリティーの絶無であったことは唯浩歎の外はないのである。又幕僚なり下級指揮官に顕著な事実は彼等の精神的動脈硬化であって、大本営の情勢判断がいかに独断的で客観性を欠き、その計画や編成が猫の眼の如く変わったかは読者を唖然たらしめるであろう。新しい事態の認識、処置の変化に対する適応性の喪失は、個人的もしくは職業的体験以外には如何なる『アンチテーゼ』をも超克しようとしなかった。所謂実際家ほどその症状は絶望的であった。組織と教育の反芻による自己満足、植民地戦の特殊経験を規範視した余弊が、わが太平洋戦争ほど恐るべき悲劇を招いた史例は少ないであろう。

第一次大戦以後、現代戦争の総力戦となったことは広く論じ尽くされ、指揮官の地位が高まり、その責任が広汎となるにつれて純軍事問題と共に政治、経済、社会等各般の諸問題に対する理解と知識とが必要であって、動員、戦備、作戦が直ちに国民生活を根底から揺り動かし、しかもその国民の生産活動によって戦力が消長する相互媒介的なものであることも広く承認されていたことである。しかるに事実の示すところは、これらの世界的定説に陸海軍人が殆ど耳を藉していなかったことである。彼等は思索せず、読書せず、上級者となるに従って反駁する人もなく、批判をうける機会もなく、式場の御神体となり、権威の偶像となって温室の裡に保護された。

指揮官は社会的知能の不具者であり、同時に軍事的知識の時代遅れでなければならなかった。かくて主将のロボット化は特に陸軍に著しい現象であったが、指揮官の意志が艦隊の行動に影響を及ぼすことの多かった海軍は、結果的にはより悲劇的であったとも云えるであろう。

由来軍部の統帥と人事に対する批判は永く禁忌として神聖視された。特に海軍人事の如きは系数の多少による順位、機械的公平主義、経歴による無批判の栄転主義は、その極まるところサマール島沖の敗将を兵学校長に据えるに至った。しかも幾多人事の不当に由る責任は未だかつて糾明された前例がなく、戦局の変転に従って遂には敗戦の責任を問うことすらできないようになったのである。ミッドウエーの敗戦、ガダルカナル島及びトラック基地の油断等何人の眼にも昭々たる事件につき遂になんらの措置も執られなかった。

これだけの痛烈な指導部批判は左右、体制と反体制を問わず政治・社会・運動面でも皆無である。しかしこの通りである。

死者は犬死にか

何という悲惨さであろう。

私の兄三人もその三一〇万中の三人である。しかもその日本軍によって中国人だけでも二千万人以上が殺傷された。占領下のベトナムは米《こめ》の国なのに二百万人余が餓死したという。日本軍が強制的に没収して日本へもちさった結果であった。さらに、フィリピン、インドネシア二国の公式発表で五百万人におよび、シンガポール、マレー、ビルマなどの統計の不備から死者の正確な数字はないが、数十万人以上に及ぶであろう。

後藤田正晴は、官房長官、副首相など要職を歴任し、首相候補にもなったが本人が辞退。彼は陸軍主計将校として、フィリピンなどでその侵略と残虐さをじかに見聞し、詳しくはいわないが、その人々が生きている限り、平和憲法を変えてはならないと提言してきた。

日本の膨大な戦没者たちは、誤った戦争による「犬死に」なのか。

遺族の一人として言えることは、例えば栄助の場合、生きて帰る可能性はあった意味で「犬死に」的面はあった。

が、その一死を顧みずに敵艦に突入していったと同じ或いはその意に反した無数の人々の犠牲のうえに、戦後一人の戦死者も出ず（朝鮮戦争で数人あった）、「平和憲法にもとづく平和」が六〇年続いた礎《いしずえ》が築かれたのであった。


本項を読まれた人は、冒頭の日本の戦没者と中国人側のそれをはるかに上回る死者やベトナム、フィリピン、シンガポールなどの人々の犠牲者を心から弔い、そして末尾の高木惣吉らの戦争指導者の告発を再度よみ、考えてほしいと願っている。韓国や中国の政府指導者や草の根の民衆が、日本の教科書問題や靖国神社参拝になぜ強く反対するのか、他人の足を踏みつけた人は忘れても、踏みつけられ傷つき、命までおとした人々の側は決して忘れないことを胆に命じなければならない。

私自身、六〇年目にして兄たちへの鎮魂の念いをはきだした一文をつづり、それを通して改めて反戦、不戦を命ある限り貫くつもりである。

三人の兄たちよ、中国大陸で、極北の或いは南海の海でねむる骨と魂よ、安んじてねむれ。

【補】樋口家と近江商人のことなど

樋口一家の父・金次郎は滋賀県米原《まいばら》町の出身である。母りゅうはその隣村の（戦後に米原町と合併）息郷《おきざと》村で生まれ育った。

父の実家は、新幹線米原駅から百メートルの近さで、かつては宿場町であった同町の旅館であったが、明治期に呉服商となった。長兄宗太郎は兵役を忌避してアメリカへ、さらにパリで約十年間絵画の勉強に。

帰国もはっきりしなかったので、次男の金次郎が家業をついだ頃にりゅうと結婚した。その後帰国、祖母の方針で呉服商を譲り、静岡県沼津市の大正天皇の御用邸を生かすべく沼津市に移住した。

近江商人の商法

関東の甲州商人（山梨県）、関西の近江商人といわれるが、東西の商人《あきんど》を代表し前者は東武鉄道の根津嘉一郎や田中角栄の「刎頸《ふんけい》の友」小佐野賢治ら、後者は西武鉄道の堤康次郎、伊藤忠、丸紅等大商社の創業者等で知られ、「近江商人」についての専門研究と書物もかなりでている。

幕末・明治維新の英雄、勝海舟のところには特に晩年多くの人が出入りしたが、その一人に江州（滋賀県）の商人で塚本定次がいた。

作家・童門冬二（本名・太田久行、予科練出身、一九二七〜、美濃部革新知事下に企画調整局長等、「近江商人魂」上・下巻、学陽書房など著書多数）は「勝海舟の人生訓」（ＰＨＰ文庫）で、近江商人について次のようにいう。

「芭蕉が近江商人の始祖だ」ということを言ったのは、この塚本定次である。

「松尾芭蕉翁は、大変な俳人ではありますが、同時に大変な商才に長けた人でもあります。今、近江商人は有名で、その商法が注目されていますけれども、もともと近江商人の商法というのは、芭蕉翁が指導したもので、いまだに芭蕉翁の商法が守られているのです」

勝は、塚本のこの言葉を聞いて、こう語っている。

「長年、芭蕉という男が、ただ俳句がうまいというだけで、これほど人々の間に名が通っている、ということに疑問をもってきた。しかし、塚本が言ったことで、長年の疑問が氷解した」

それでは、芭蕉が教えた近江商人の商法というのは、いったいどういうものだったのだろうか？

近江商人の行動を分析すると、次のようなことが言える。

一、バイタリティに富んでいること

二、優れた情報力を備えていること

三、柔軟な発想と思考力をもっていること
四、情に左右されない合理精神をもっていること
五、優れた決断力をもっていること
六、果てしない上昇志向をもっていること

後に、近江商人は、伊勢商人と同じように、本店を故郷に置き、江戸・京都・大阪などに支店を設けた。しかし、近江商人の商法の根幹は、「行商」にあった。行商とは、流動の精神の実行である。だから、店を設けても、「座して流動する」という考えは捨てなかった。彼等は遠く東北や北海道の地まで行商に赴き、また、その子孫が、今も祖先のそういう商法を守り抜いていることも、よく知られている。

芭蕉もまた、流動の人でり、行動の人であった。単に、彼は俳句を詠み続けたのではなかった。行く先々で、人々と出会い、人々を理解し、その実態も知った。近江商人達に語る芭蕉の話は、そういう経験に即していたろう。同時に、それは芭蕉が把握した各地のニーズの開陳であったかもしれない。特に、地域地域で求める品物が何であるかは、商人にとっては死活を制する。

列記した特性は近江商人の特性であると同時に、また芭蕉の特性でもあった。芭蕉が教えたのは、こういう行動力に富んだ人生態度であったに違いない。

金次郎は、この六項目のうちで何を備えていたのか、関係者が没して分からないが、バイタリティに富み行動力がさかんで、大正時代に北海道の札幌やさらに日露戦争で獲得した南樺太（サハリン）

にまで店を出していた（夏の間）写真が残っている。

次兄の転は、後年になって言う。「父はかわいそうだった、やり手であっただけ米原の母、兄、弟にたよられ、兄の欧米行きの多額の借金も背負わされ、それらの返済に長く追われていた」と。

天皇制の権威と御用邸

当時の天皇制は、二五〇年も続いた徳川幕府を倒すべく、薩長同盟を中心にした新興勢力が、「権威」としての天皇制を擁立して「官軍」と「賊軍」に区分して闘った明治維新革命→日清・日露戦争の勝利と明治天皇が結びつき、「大帝」として勢威赫赫たる時をへていた。

大正天皇は、病弱で、しかも国会における奇行（勅語を丸めて議場をながめた）等が広くしられたが、沼津でも市民の間でひそひそと伝わっていたらしい。兄の慶治が幼い私に「頭がおかしい」と話してくれたのは、そのうわさを聞いたせいであろう。

が、天皇制の権威は高く――日中戦争（一九三七年・昭和一二年）を契機に現人神《あらひとがみ》化は一挙にすすんだ――市内の牛臥の御用邸の隣には、大山巌元帥（日露戦争総司令官）、西郷従道（海軍大臣、隆盛の弟）の別荘があった。

当時の沼津は大正時代に静岡県東部地区で初めて市制となったが、中心街は上土町（あげつちまち）で呉服商が三軒もあった。沼津港も今と違って御成橋と永代橋の間の狩野川の岸が魚市場で、上土町とつながっていた。

近江屋・（マル柏と称した）ひぐち呉服店は、かなり繁盛し、写真をみると番頭、小僧、女中（当時の呼称）で十人くらいいた。その利用客は私が成人したのちも、親しかった井手敏彦（市長二期、父は小児科医）の母が当時のことや、りゅうについて私に何回も話してくれた。

昭和大恐慌と倒産

が、昭和大恐慌（一九二九年の世界大恐慌の一環）の時に連鎖反応で倒産した。札幌（にしん漁の景気をあてこんだ）やサハリンの深刻な不況下に売上金の未回収が重なり、かなりの借金を背負ったらしい。経営管理の失敗であろう。

次男利一は沼津商業の授業料―県立だからそう高くない―が未払いで、学校の掲示板に張り出された、とその屈辱感を語っている。一家は店をたたみ、市内のはずれの牛臥海岸に借家住まいをする。りゅうは失意の金次郎に言った。

「かたつむりだって家をもっています。うちも家をつくりましょう」と後年私に語った。

かくて千本常盤町に百坪の土地を借り、三Kの家を建て一家九人が住みついた。私が五歳の頃である。いまの常盤町は住宅街としてびっしり家が建っているが、当時は千坪近い大きな別荘など数軒のほかは桑畑や水田のみで、すぐ裏は千本松原が続き小学生が三人しかいなかった。

金次郎は、呉服商当時の人脈を生かして保険の代理店やセールスでかなりの成績をあげていたが、数年後の昭和十二年十二月八日、五二歳で死去した。胃病といわれたが胃ガンであったろう。

父の借財はのこり、長男、次男がその後時間をかけて返済したようであった。

こういう経過をたどったが、近江商人の生き方、精神は、長男、次男に強く影響し、正一は戦後も何回も「商人として生きたかった」と私に話し、次兄は茶商として茶道を身につけ、その長子太郎が今日も受け継いでいる。

父の教育方針と兄弟愛

父の教育方針は、男は県立商業学校―沼津商業、女は高等女学校―沼津高女で全員そうであった。私は子供の頃から上級学校とはイコール沼商と思い込んでいた。

長女敏江は、母の実家のいとこと結婚。商売繁盛の頃に最初の子供として育ったせいか、人の好い極めておっとりした感じで、ＰＴＡの会長等をしていた。

長男正一（大正元年十月〜平成五年十月）、次男利一（転《うたた》家の養子となり、転太郎兵衛《うたたたろうひょうえ》と改名）ともに、たいへん面倒みの好い兄であった。趣味は対照的で正一は、西洋文学とクラシック音楽、スポーツはバスケットボール。大正デモクラシーで育った合理主義的思考であった。父が、大正天皇か皇太子（昭和天皇）かが使った、菊の紋章のある机が処分されるのをもらってきて、母と私が

昭和 7 年、左より純三、慶治、篤三、栄助。

昭和 13 年、左より利一、栄助、純三、篤三、慶治、和子。

使っていた。数年前にないので聞いたら、正一兄が「焼いた」とのことであった。

正一は、私が十七歳で海軍飛行兵から復員后に、何を働きどう生きていいのか全く分からずにいた時に、横浜高商（現横浜国大経済学部）をすすめてくれた。復員軍人への特典の編入で学科試験が一つもなく、アンケートと口頭試験のみであった。

運よく入学できた後の費用もすべて出してくれ、卒業時には中学教員免許状も（私は民主革命ひとすじで就職に全く関心がなかった）横浜まで出向いてとってきてくれた。

正一は三人の弟たちの五〇周忌を人生最期のつとめとして行い、僧侶の短いお経の時もくずれ倒れる寸前であったが、その会の終了と共に燃えつきて死んだ。なお、本書の母のNHK放送稿や三人の軍歴、手紙類は彼が整理保存していてくれたものである。


利一は吉川栄治の作品、小唄・端唄や都都逸《どどいつ》、そして父を継いだ謡《うたい》がうまかった。茶道も本格的に学び、茶道具や壷など古道具も集めていた。沼商では水泳部選手。

利一兄は、子供の頃からよく面倒を見、小学校の夏休みの一時期には三、四、五男と共に毎朝一時間にわたってソロバン練習をやらせた。

昭和十六年に慶治、栄助が海軍に入隊后は、土浦、静岡県・大井、三重県・津、福岡県・筑城へ面会につれていってくれた。

慶治が沼商三年で中退し、東京の大森で旋盤工で働いた時も、家を一軒借りて共同生活をした。

1974年、母りゅうの葬儀の日に。左より篤三、正一、敏江（長女）、利一（現・転太郎兵衛）、和子。

「栄助の志願をみて俺もいきたいと海兵団に入隊」「慶ちゃんは生一本の性格だった」栄助は、「全く清らかの人生で、世間の苦しさを知らないが兄弟の中でも欲も得もなく、ある意味では幸せだったともいえる」「あの頃は兄弟の気持ちが一つだった」と語っている。

司法保護司を長年つとめ「保護観察処分」をうけた青少年と家族に人間的に接し、信頼をえていると新聞に報じられ、後年は沼津地区（二市二町）の同会会長もつとめた。俳号「転茗太」で句集「花遍路」（平成六年）等がある。

正一兄も、沼津地区特定郵便局長会会長をやり、二人とも「勲五等」を授与された。

母りゅうが波瀾の人生を生きる中でえた最大の教訓は、「信用」ということであったらしい。「信用は金で買えない」ということを私に何十回となく話していた。

も一つ、信ずる真宗・本願寺派の根本は「平等精神」である。彼女の遺言で、死去したときに、長女利枝以下五人の子供に「五万円」ずつの年金が平等に残されていた。ただ一人の例外が私で、「篤三の家には仏壇がないから、それを備えるように」と、その仏壇代の五万円がプラスされていた。

静岡市は、木工品や仏壇の特産地である。私の友人の滝さん（静岡商工会）は団地サイズの仏壇メーカーなので、事情を話して分けてもらい、いらいわが家におかれている。

あとがき――仁・義の東洋道徳は国境・民族をこえて

長いこと胸につかえていた兄達への鎮魂譜がやっとできた。とくに栄助は、一九四五年八月十五日の天皇放送で米英ソ中四国に無条件降伏し、戦争が終わったのになぜ闘い、敵艦に自爆したのか、まったく理解できずよく分からないままに忙しさにまぎれて六〇年もたってしまった。

今回よく調べてみてやっとその回答をみつけた思いでホッとしている。戦死現場にいくたの戦友がいて目撃者がかなりいたこと、とくに土浦航空隊いらいの親しい人たちの手紙や著作とヤルタ密約等を総体的にみて、全体像がようやくはっきり分かった、と確信した。

その分、量的にも純三、慶治の倍以上となった。慶治は、サイパン島方面で隊が全滅したのか戦死現認者がゼロであり、純三は、新設の混成部隊だったらしく知りあったばかりの戦友たちらしいという制約もあった。

母と子の愛、兄弟愛の絆は強いものであることを改めて味わった。半世紀余という長い時をへてもそれは消えるものではない。

その愛、感情、モラルは国境と民族をこえて人々に共通しているものである。その人が一家の支柱ならばなおさらであろう。日本軍によって殺傷された二千万人余というアジアの厖大な人々の父母や兄弟姉妹も、まったく同じだったことだろう。それはむしろ、侵略者への怨みをこめて、より強く、より深く、愛と悲しみ、なげき、怒りの気持ちを長らえ蓄えてきたことであろう。加害者民族の一員として申し訳なかったと心から思っている。

日本では九〇年代いらいの右傾化の高まりの中で、南京大虐殺や朝鮮人従軍慰安婦などはなかったという主張がハバをきかせている。日韓併合—植民地化のもとでも鉄道の施設など良いこともしたではないかという説もある。だが、当時の鉄道は日本軍の戦争のための輸送が主任務だった。九五年の村山首相談話（侵略戦争、植民地化の反省）を契機に、右派の有力政治家たち、渡辺美智雄、江藤隆美、奥野誠亮ら首相候補、派閥領袖、文相経験者らは声を競って歴史の捏造を始めた。それに対して韓国や中国からは政府も民衆も猛反対がわき上がったのは当然であった。さらに小泉首相の靖国参拝問題では、中国首脳はもとより、韓国では与野党議員が共同抗議決議が国会に上っている（〇四・一二）。

こういう状況下に、私が現認した南京大虐殺現場のことを紹介したい。

一九八五年初夏に、私は「労働情報」運動の代表団（団長市川誠元総評議長、私は副団長）は、中国総工会招待で北京、西安、南京、上海をまわった。

南京では虐殺現場の一つ江東門で、昭和十二年（一九三七年）十二月、二八〇〇〇人が万人坑で殺され、戦後四〇年もたつのに発掘されていた。遠くでみるだけという予定を、団長車に同乗していた私の強い希望で現場に入った。白骨がそこにもここにも累々と積み重なって掘りおこされていた。

総工会本部の姜さんは、私と同年輩でおだやかなニコニコ顔で全行程につきそってくれたが、このおびただしい白骨を見て、何も言わずに涙をながして立ちすくんでいた。そのあとも一言もなかった。客人への礼であろうか。だが皆も私も強い自責の念におそわれ私も思わず涙した。

東北地方（満洲）では、日本軍がつくった大量の生物・化学兵器が敗戦時に地中に埋められ、それが今年になって自然発火して死者を生み、さすがに日本国も責任をみとめ日中共同の処理が決った。七三一部隊（石井中将）は、中国人を何百人と生体実験して殺したが「丸太」と称して敗戦まで行った。石井隊長は米軍に全資料を渡したバーター取引で戦後無罪釈放となった。

朝鮮人、中国人の何十万人という強制連行と拉致は、何の釈罪も賠償金もない。今回の北朝鮮の拉致事件は私にも理解できない。批判糾明し正さるべきだが、戦前に数百千倍する日本国の著しい反人権蛮行、ナチス・ドイツとならぶ日本軍国主義が「天皇の軍隊」の名のもとにおかした、けた違いの国家犯罪に対する自責の念があってしかるべきであろう。韓国や中国の人々はそれを分っていてあえて抑制している、しかし日本への同調はひかえているのである。

家族が怒るのは当然であるが、歴史への反省とその公平さと道徳も一切無視して、「吾一人が正義」だと威丈高に日本版ネオコンの政治家がふるまうのは、戦争に突入させた戦前の政治家と軍部を髣髴とさせる。

二五〇〇年前頃に中国におこった儒教は、孔子孟子の人間の道徳として、朝鮮にさらに日本へ或いはベトナムへと普及した。最高の徳としての仁は人を愛すること、義は人の道、道理である。或いは多様なヒューマニズムである。経済大国日本にはこの精神、道徳がもっとも衰退してきた。

明治維新の西郷隆盛には、「敬天愛人」が太く貫いていた。そして「命もいらず、金も名誉も地位もいらない」道徳と一体であり、その生き方こそが右からも左からも広く愛される根源であった。われわれ日本の民衆には、グローバリズムと市場至上主義、効率万能論と拝金思想第一主義やマイホーム主義ではない、この精神のルネッサンスと発展こそ問われているのではないか。

その「政治と道徳」こそ、再びなる戦争への路を許さない根本であるという思想と志、運動こそが、「水漬く屍」「草むす屍」への鎮魂であると信じている。

母りゅうのＮＨＫ放送「少年飛行兵の母として」という表題は私がつけた。

参考資料

【資料1】母・樋口りゅうの口演――少年飛行兵の母として

〔昭和十八年九月十六日九時よりＮＨＫ静岡放送局〕

少年飛行兵を御國に捧げた体験を御話するようにと御依頼を受けまして、拙い体験では御座居ますが其の当時から感じて参りました事を御話しさせて戴きます。

顧りみますと昭和十六年で御座居ました。

当時十八歳の四男と十六歳の五男の二人が、海軍飛行兵志願の希望を申出たので御座居ます。父は亡く、兄達二人は出征中のことにて、更に未だ年端も行かぬ、世の中の事も知らぬ通学中の二人をと、私は種々と夜を眠られぬほど考えさせられたので御座居ますが、結局本人達の希望通り進ませてやる事が時局下の親の務めであり、現在の若い者達の進む途である事を悟り得まして、私の気持も急に明るくなりました。

昭和44年5月5日、母りゅう。千本の家にて。

そうだ、二人の子供を空へ捧げる事は、日本の母の誇りでなければならないと思い、この事を出征中の兄にも早速手紙で知らせてやりました處、兄達も賛成の返事を添えて、一旦志を樹てた以上は、必ず貫き通すようにと言って、激しい軍人精神を込めて激励して参ったので御座居ます。

それ以来、本人達の努力は元より母と致しましても、試験を受ける子供と一緒の気持になって首尾よく希望の叶いますようにと神仏の御加護を念じておりました處、その年の五月一日には二人揃って合格させて戴きまして、少年飛行兵として晴れの門出を致しましたので御座居ます。

幼いながらも全身希望に輝いて元気溢れる御挨拶を致しまして、沢山の学校の御友達やお知り合いの方々の激励と歓呼の声に送られて出発してくれました日の私の感激は、かつての日、兄達の御召に預りました時にも増す想いが致し、子供達の決心はそのまま私の心で御座居ました。

お前達は何も考えずに立派に御奉公をして下さい、お母さんも一生懸命やりますよと共に飛行兵になりきった気持で固く神仏に御誓いしましたので御座居ました。

子供達の入隊後は、御慈しみ深い上官皆様方の御薫育に信頼申上げて一切お委せ致し、何の不安もなく過させて戴きました。

激しい軍務の余暇にお休みを戴いて帰らせていただく事も御座居ましたが、帰宅致しますと直ぐ「お父さん只今」と仏前に額き亡き父に報告を済ませたあと、一同にも嬉しい挨拶をし、軍服を着替えると無邪気な姿に立ちかえって兄弟達と睦み合う間にも行き届いた動作と不抜な海軍魂が伺われ、その成人振りを見ましてはああこれが吾が子かと思い、この子が南へ北へ翼を馳せて呉れますのかと思います時、何だか自分の子供の様にも思われませず、ああ吾が子ではないのだと尊い預りものをして居る様な気持にさえなるので御座居ます。

　そして二年前のあの時、母よりも一歩進んで時局に目醒めた子供達が立てた希望を其の儘受け容れて進ませ得た私は、拙いながらも母としての務めを果たさせて戴いておりますのだと言う事を沁々感じるので御座居ます。

　同じ年頃の御子様をお持ちになるお母さま方から、飛行兵は危なくないでしょうか等のお尋ねを受けます事も御座居ますが、私は親心から御尤もと思いますが決してご案じなさる事はないと更に強く思って居るので御座居ます。

　生死は産れると同時に決められた一つの運命ではないかと思われまして、例えば両親と膝下で勉学の中途病気で逝かれましても致し方はありませんものと私は思うので御座居ます。

　私共では八人の子供のうち六人まで男子を授けられまして、八人皆健康に恵まれ大過もなく、健やかに育って呉れました事は、不束な私の身に余る倖はせで御座居ますのに、父亡きあと昭和十二年の事変勃発と共に長男から次男、三男、四男、五男までが次々御召を受けまして、拙い乍らも御国に御役に立たせて戴き、更に六男までもが御奉公させて戴きますのも、やがて近い日のことで御座居ましょうと思うので御座居ます。

　勝ち抜くための決戦下、御国の大事に吾が子も一翼として身命を捧げさせて戴きますことは日本の母と致しましてこの上もない倖せであり、さしせまった務めであると存ずるので御座居ます。

完

【資料2】樋口慶治履歴表

故 海軍一等飛行兵曹 樋 口 慶 治 大正十三年二月八日 生

昭和一六・五・一 横須賀海兵団 入団 海軍四等水兵
昭和一六・八・一五 海軍三等水兵 成績二一七人中七三番
鈴鹿海軍航空隊
昭和一六・一二・二七 土浦海軍航空隊 第九期丙種予科飛行練習生
昭和一七・三・三〇 卒業 成績二〇九人中六〇番
大井海軍航空隊 第二十五期飛行練習生（偵察）
昭和一七・九・二三 卒業 海軍三等飛行兵
佐世保海軍航空隊 第二十五期大型機新搭乗員特別訓練員を命（飛行艇）
昭和一七・一一・三〇 第八〇一航空隊特別教育参加
昭和一七・一〇・三一 海軍二等飛行兵
昭和一七・一一・一 海軍上等飛行兵
昭和一八・一一・一 海軍飛行兵長
昭和一九・一・二九 第八〇二海軍航空隊

昭和一九・四・一　　第十四航空艦隊司令部付
昭和一九・五・一　　普通善行章一線付与　任海軍二等飛行兵曹
昭和一九・七・八　　戦死認定

《注　記》

一、第二復員省残務整理室履歴表に因るも該表には更に次の二項記載有り。
　昭和一九・一一・一　　海軍一等飛行兵曹
　昭和二〇・五・一　　海軍上等飛行兵曹

二、本人の休暇帰省の際聴取せる状況を総合するに、教育終了即ち昭和十七年十月以降は、横浜海軍航空隊に属し隔日約十時間勤務を以て太平洋近海の哨戒飛行に任じ、約一年四ヶ月を無事故に経過せり。搭乗機は川西式四発大型飛行艇なり。その間作戦に従事すること三回、明細次の如し
イ、ガダルカナル島爆撃に参加す、基地はラバウル、期間約一ヶ月。
ロ、アッツ島爆撃に参加す。基地北千島列島、期間約一ヶ月。
ハ、第六次ブーゲンビル航空戦に先たち索敵機に搭乗し敵発見、後の大いなる戦果を挙げ得たるは其の殊勲金鵄勲章に値すと仄聞す。

三、第十四航空艦隊司令部付・二九、第一航空艦隊司令部付偵察機員となる。昭二三・一、復員省調査に因れば司令部はテニアン島所在、偵察機隊は基地サイパン島に在りし由。

四、昭一九・二・一二、敵地ロット島夜間爆撃に参加せる旨来信あり。
　該書面は同方面より内地帰還に輸送機に托せるものにして、横浜局日付昭一九・二・二六　より判断

するに昭一九・二・二〇以降本人の認めたるものなり。

五、爾後の消息は復員省調査に因れば昭一九・四・一、第十四航空艦隊司令部（サイパン）に転隊、同隊は攻防戦当時サイパン島に在りたるやは不確実なり。

（当時内地との連絡なくとも司令長官の命を以て転隊又は基地異動行われしものの如し）

一説に因れば同隊はトラック島方面に転々しありと聞くも不確実なり。

六、終戦三年を経過せる今日、サイパン島に於て戦死の公報を受領するも、戦死場所は不確実にして戦死年月日はサイパン島に於ける全員の玉砕の日を以て認定せられたるものなり。

南無阿弥陀仏

昭和二十三年八月十九日夜

【資料3】樋口栄助履歴表

故　海軍飛行飛行兵曹　樋　口　栄　助　大正十五年三月二十四日　生

昭和一六・五・一　土浦海軍航空隊入隊　海軍四等水兵
第十六期乙種飛行予科練習生

昭和一六・六・一　海軍四等水兵

昭和一六・八・一　海軍三等飛行兵

昭和一七・五・一　海軍二等飛行兵
昭和一七・一一・一　海軍上等飛行兵
昭和一八・五・一　三重海軍航空隊
　海軍飛行兵長
昭和一八・五・二六　卒業　成績一三一人中三番
昭和一八・八・二　大井海軍航空隊第三十二期練習生（偵察）
昭和一八・一一・一　任　海軍二等飛行兵曹長
昭和一八・一二・二四　卒業
　鹿谷海軍航空隊
昭和一九・一・一　築城海軍航空隊
昭和一九・二・二〇　第五五三海軍航空隊
昭和一九・五・一　普通善行章一線付与
　任　海軍一等飛行兵曹
昭和一九・一〇・一　攻撃第二五二航空隊（第七〇一航空隊）
昭和一九・一〇・一五　北東海軍航空隊
昭和一九・一一・一　任　海軍上等飛行兵曹
昭和二〇・八・一八　戦　死　同九・二九　短刀一振授与
昭和二二・一・二〇　海軍飛行兵曹長に進級

南無阿弥陀仏

昭和二十三年八月十九日夜

【資料4】樋口榮助遺品目録

静岡県　県庁内　静岡地方復員人事部長　海軍

故海軍飛行兵曹長　樋口榮助遺品目録（私有品）

品　名	数量	記　事	品　名	数量	記　事
小型トランク	1個		軍手	1個	
風呂敷	4枚		布袋	3枚	
絹布	1枚		ネル布	1枚	
猿又	2枚		手拭	1枚	
絹マフラ	1枚		面石	9個	
洗石	8個	大小混合	洗面具袋	1個	
歯磨粉入	2個		楊子入	1個	
楊子	1個		面石入	1個	

面石	1個	
鉢巻	1本	
筆入	1個	
色鉛筆	7本	
挟	1個	
識別章	1個	飛行科
ボタン	10個	各種
豆電球	1個	
芥紙	若干枚	
書類綴	1冊	
ペン手紙文の書方	1冊	
私製郵便葉書	30枚	二つ折
角封筒	2枚	各七銭切手
静岡護国神社絵葉書	1組	
小型　丸鏡	2組	
梅肉丸	1缶	
木片	1個	
切手・五銭	8枚	
切手・二銭	7枚	
煙草ケース	1個	セルロイド製
針刺	1個	
鉛筆	12本	
ネジ廻し	1本	
ペン先	6本	
ペン軸	1本	
絵具・各品	5個	
コーナー	1箱	一部使用
住所録	1冊	
机上辞典	1冊	
便箋	2冊	
封筒（長）	3枚	
来信	3通	
小型　メモ	3冊	
三角定規	1組	
仁龍丹	1瓶	
パス入	1個	
切手・四銭	1枚	
切手・一銭	2枚	

切手・五厘　1枚
木製　小箱　1個
時計（junenia）　1個
時計カバー　1個
時計皮　1個　黒色
お守袋　2個　布製1皮製1
お守　16個
腰下げ　1個
人形　1個
針　2本
アルバム　2冊
貴重品袋　1個
名刺入　1個
印判　1個
印判袋　1個
耳かき　1個
針　1本
財布　2個
拾圓札　31枚　参百拾圓
五圓札　10枚　六拾圓
五拾銭札　90枚　四拾七圓
拾銭　33枚　参圓参拾銭
五銭　4枚　弐拾銭
壱銭　12枚　拾弐銭
拾銭　軍票　1枚
（終）

但し軍票拾銭を除き現金は為替にて別送致候
昭和二十年十一月十四日
樋口　正一　殿

以上

【資料5】静岡地方世話部第二課からの「通信」

昭和二十一年九月五日　　　　静岡地方世話部第二課（旧静岡地方復員人事部）

樋口　榮助　留守宅　殿

さきに御来照の件につきまして関係各部にて調査の結果、現在までの處左記の通り判明致しましたから御承知願いたい。

符号に依る部隊名・攻撃二五二飛行隊　等級・上飛曹　氏名・樋口　榮助
兵籍番号・横志飛第三二五一号　経歴　任上飛曹19・11・1
戦闘詳報に就いて・二〇年八月十八日、爆装九七艦上攻撃機にて一八三〇時、占守島今井崎の三一〇度八km. の方向にて敵攻略部隊攻撃時〇九〇〇時戦死されたり。（杉本印）

【資料6】栄助留守宅への近藤正次郎からの手紙

拝啓
盛夏の候尊堂益々御清適に御座候遊
未知の小生より斯く突然御伺いいたし失礼の段平に御容赦賜りたく候
さて小生は昨春御舎弟栄助君当地へ進駐以来、毎上陸日毎に拙宅に来られて親しく相成り候次第にて、今回の終戦に就いては近々帰還せられる事と存じ心待ちに待ち居り候處、去る十九日晩に栄助君戦死せられし由通知に接せしも、未だ半信半疑に候いしが去る二十一日に栄助君の戦友しかも同日共に編隊を組んで戦われたる連中が数名千島より急に飛行機にて帰還され、即日拙宅へ一同で来訪、詳細を聞くを得候に付き、何れ軍よりも通報が有之候事と存じ候も、この際の混雑に紛れ何の日やらも不明と存じ、それでは皆々様も何日までも御心配のみと存じ、聞き込み候点を御一報申上げ候
停戦以来北方の将兵も一同切歯悲憤に呉れるのみ、毎日酒にて気晴らしを致し居り候處、十七日晩には何故か栄助君も同乗者の山中君も余り飲まず、只荒谷君のみ多少飲みし由に候然るに十八日朝になり、露国巡洋艦及び駆逐艦数隻は、輸送船十数隻を護衛して停戦を無視上陸を開始せる由　よって我軍は上陸兵に対しては陸軍が、敵艦に対しては陸軍を隼機直衛の下に海軍の樋口君等の四機編隊にて向いしも、成るべく撃たない様との上司の命令なりし由なるも、何様敵は射撃する事ゆえ自衛上攻撃を開始せしに、樋口君の一弾は当たらざりしも二発目は敵巡洋艦を物の見事に轟沈せしめたるも、自機又被弾せし様子にて敵駆

逐艦に体当たりを敢行、之又見事に轟沈せしめ、一機よく二艦を沈め殊勲この上なく北方の花と散られし由。時に八月十八日午前八時四十分頃なりし由に候　右の様な次第にて誠に残念此上なく候共日頃真に真面目に訓練せられし腕を発揮し、皇軍の威力を最後に飾られしは、以て瞑せられし事と存じ候　思えば昨春御来美の節は、丁度北海道は鰊の最盛期にて、拙宅に於いては干して有りしが栄助君は鰊は旨いとて、昨夏上陸の度に戦友と一度に数尾宛平らげられ小生等夫婦は我が子のようにそれを見て楽しみ居りしに、北方へ転進の晩は生憎家内不在にて栄助君持参のビール一本を小生と二名で飲み、北方には生野菜不足の由にて小生手作りの胡瓜を土産に持ち行かれ候本年五月一時休暇にて帰還せられし時も、小生等は我が子が帰りし如き心地して、ボタモチや寿司、鶏肉や卵等を食べてもらい候丁度又鰊の季節なりし故、昨年の話をして毎日食べて十日許りの休暇中拙宅にのみ居りて、親の家へ帰りし様な気持すると申され、再度の進駐にも自宅の卵七十ケ程と干鰊や鯛を戦友への土産の持ち行かれ、その後七月には帰還致す可も不知と通知有之、首を長くして待ち居り候いし處丁度八月十九日朝ハガキにて便あり、小生が送りし西郷南州伝三巻を戦友と面白く読みし由申し来たれしにその夕方戦死の報に接し、茫然自失そのハガキが絶筆となりしを残念に存じ候

右次第取り敢えず御報知申上げ候　敬具

八月二十六日　近藤正次郎　拝

樋口　昌子　様

【資料7】海軍航空兵（予科練丙・乙・甲）の死亡率（慶治、栄助同期生）

●丙種（海兵団水兵から航空機へ）

		（入隊月日）	（人員）	（戦死者）	（生存者）	（死比率）
	三期	昭和一五・二・二八	四〇二人	三四八人	五四人	八七％
	五期	〃　六・三〇	二〇二人	一七五人	二七人	八七％
	六期	〃　八・三〇	三七六人	三〇四人	七二人	八一％
【慶治】	九期	昭和一六・一二・二七	二二九人	一七六人	五三人	七七％

●乙種（高小卒―現在の中学二年―）

	一　期	昭和〇五・六・一	七九人	四九人	三〇人	六二％
	一三期	〃一五・六・一	二九四人	二三七人	五二人	八二％
	一四期	〃一五・八・一	二九八人	二二八人	七〇人	七六％
	一五期	〃一五・一二・一	六二〇人	四四七人	一七三人	七二％
【栄助】	一六期	〃一六・五・一	一二三七人	八三四人	四〇三人	六七％

●甲種（中学三年以上）

	一　期	昭和一二・九・一	二五〇人	一八二人	六三人	七三％

	一一期	〃一七・一〇・一	一一九一人	七三三人	四五八人	六二%
	一二期	〃一八・四・一	三二一五人	八六一人	二三五四人	二七%
	一三期	〃一八・一〇・一	二七九八八人	九七三人	二七〇一五人	三%
【篤三】	一四期	〃一九・四・一	四一三一〇人	五五三人	四〇七五七人	一%

第三部　アジアの中の日本——問われる歴史認識

【1】戦争と二つの道徳

〔1〕日本の特攻隊―司令長官と必死隊員

大西提督の自決と遺書

昭和十九年（四四年）、日本海軍はフィリピン戦線で決定的な劣勢においこまれた。そして最後のまきかえし反撃として「神風特別攻撃隊」を組織した。生きて帰らぬ決死隊である。片道だけの燃料を積み二五〇キロ爆弾を抱えて米艦隊へ突入したのであった。その後、陸軍も特攻隊を採用し、鹿児島県知覧基地から、沖縄米軍に向って連日のように出撃し戦死した。

特攻隊への参加人員は二、五三〇人、飛行機は二、三九三機におよんだ。特攻隊を発案企画し推進した大西瀧次郎海軍中将は、天皇放送の翌十六日深夜に官舎で自刃した。

遺書は特攻隊の戦死者にむけられていた。

特攻隊の英霊に曰す。善く戦ひたり、深謝す。最後の勝利を信じつゝ肉弾として散華せり。然れ共其の信念は遂に達成し得ざるに至れり。

吾死を以て旧部下の英霊と其の遺族に謝せんとす。

次に一般青壮年に告ぐ。

我が死にして、軽挙は利敵行為なるを思ひ、聖旨に副ひ奉り、自重忍苦するの誡ともならば幸なり、

隠忍するとも日本人たるの矜持を失ふ勿れ。諸子は国の寶なり。平時に處し、猶ほ克く特攻精神を堅持し、日本民族の福祉と世界人類の和平の為、最善を盡せよ。

大西瀧治郎、行年五十五歳

土浦航空隊跡の記念館にもこの遺書の複製がある。大西は死の直前から悟りの境地にいたようにみえる。

「わが声価は、棺を覆うて定まらず　百年ののち、また知己ならんとす」

日露戦争の勝利を絶対化した陸軍は、奉天会戦等における「歩兵主戦主義」「歩兵銃剣戦」を絶対化し「戦えば勝つ」という戦陣訓精神主義と合体して日中、日米戦に突入した。同様に海軍は日露戦争における日本海海戦を聖戦視して「大艦巨砲主義」戦略をとりつづけた。

次の戦争は航空主力となるといち早く戦略転換を説いたのは、山本五十六であり井上成美であった。実戦部隊で航空主力論の中心が大西瀧次郎である。彼はある事故で海軍大学に行かなかったが、海大出しかなれない軍令部次長（作戦の中心者）になったのは、傑出した戦略・戦術家であると共に、航空畑の人心をもっともになっていた人柄にあるといわれた。

その彼がサイパン陥落（昭和十九年十月二〇日）と戦略的敗北下に、第一航空艦隊司令長官としてフィリピンに行き、そして「最後の兵器」として「特攻隊」をつくりだした。

関行雄大尉の遺書と心境

その海軍特攻隊の第一次隊長にえらばれた関行雄大尉（海兵七十期）が、ひきうけた経過を草柳大蔵はよく調べている。

静かな夜気の中で「じつはきょう、大西長官が来られて、『捷一号作戦』を成功させるための戦法を、じきじきに話された」と、語りはじめた。

関は黙って聞いている。玉井は、それから「特攻隊を編成した」ことを語り「ついてはこの攻撃隊の指揮官として貴様に白羽の矢を立てたんだが、どうか？」といった。……関大尉は唇を結んで何の返事もしなかった。つと両肘を机につき、オールバックの長髪を両掌で抱えて、目をつぶり、歯をくいしばった。五、六秒であろうか、彼は顔をあげ、手をわずかに動かして髪をかき

あげると、

「行きます」

それだけいった。「そうか！」と玉井中佐も、それだけである。猪口中佐が「君は、まだ、チョンガだったな」ときいた。

「いえ、結婚しております」

「そうか、していたか」

結婚後一ヵ月である。関大尉は、その場で遺書を書きはじめた。父母と若い妻にあてて二通であった。

……ただ、関大尉は、ほかの練達のパイロットと同様に、個人的には「体当り攻撃」には納得していなかったようだ。出撃前のあるとき、彼は報道班員にこう語ったという。

「日本もお終いだよ。僕のような優秀なパイロットを殺すなんて。僕なら体当りせずとも敵空母の飛行甲板に五百キロ爆弾を命中させて還る自信がある」

……関大尉は、また、同じ報道班員にこうも告げている。冗談めかした口調ではあったが。

「僕は天皇陛下のためとか、日本帝国のためとかで行くんじゃない。最愛のKA（家内）のために行くんだ。命令とあればやむを得ない。日本が敗けたら、KAがアメ公に何をされるかわからん。僕は彼女を守るために死ぬんだ。最愛のもののために死ぬ。どうだ素晴らしいだろう」（草柳大蔵「特攻の思想　大西瀧次郎伝」文芸春秋〈以下草柳著と略〉）

二千万人特攻論——ノイローゼ患者のたわごと

「海軍軍政家の第一人者」たる高木少将・教育局長は、米軍がサイパン島上陸を決行する一日前の六月十日、「海軍航空隊の第一人者」としての大西瀧次郎第一航空艦隊司令長官を招待し、東条打倒論をぶちかにぶちまけたが、その説得に失敗した（「高木惣吉日記─日独伊三国同盟と東条内閣打倒」毎日新聞、昭和六〇年）。海軍軍政と軍令の実質上の中心者間の決裂であった。大西は作戦の戦略・戦術論の中枢にいたが、東条評価にみられるように、政治オンチであり政治戦略がまったくダメであった。

高木惣吉少将の大西評価はきわめてきびしい。

小沢次長の後任に大西中将をすえたのは、豊田総長以上の大黒星で、新次長は次長の座についても依然として特攻隊の親分の観念から離脱でき（なかった）。……大西次長の特攻必勝論も、まことにノイローゼ患者のたわ言である。

筆者は武将としての大西中将には心から敬意を表し、その功績に対しても決して過少評価するものではない。しかも終戦直後、己れの命令で散華した部下との盟約を守って潔く自決した故人を批判することは心苦しい限りであるが、次長になった時点において、大本営の計画として特攻作戦以外に手がないのは、あきらかに戦局収拾の方策に移るべき時機になっていると言って激論をまじえた記憶がある。（高木惣吉「自伝的日本海軍始末記」〈続編〉光人社）

大西の人柄、天皇評価

ただ大西が海軍部内で信頼が厚かったのは航空主力戦という発想の先見性と共に、特権のかたまりになっていった将軍や提督の中でまれな特権否定を実行したことであろう。

読みびとしらずの特攻隊員が歌う一句

けふ咲きて　あす散る花の　我身かな

いかでその香を　清くとどめむ

大西はこの吟詠をききながら、大きな涙を落としたという。

児玉の輩下にあった吉田彦太郎が、大西の身を案じて、「週に一度は奥さんの家庭料理を食べてはどうですか」と申し入れたことがある。

「そんなこと、いってくれるな」と大西は言下にことわった。

「君、家庭料理どころか、特攻隊員は家庭生活も知らないで死んでいったんだよ。六百十四人もだ」

大西は、はっきりと「六百十四人だ。俺と握手していったのが六百十四人いるんだ」といった。それから眼にいっぱいの涙をためた。（草柳著）

昭和天皇は大元帥陛下、現人神といわれたが、戦争下の日常生活を次のように指摘したのはいかにも大西らしい。

あるとき、妻が身辺の整理を案じて、「私も官舎に住みましょうか」と申し出た。すると大西は「それはいかん」と、きっぱりとことわった。

そういってから、彼は、眼を宙にすえて、ひとりごとのように呟いた。

「こんどの戦争だって、はっきりはいえないが、敗けるかもしれんしな。戦国時代には、どこの領主もみずから出陣して陣頭に立っておるよ。日露戦争のときも、明治大帝は広島の大本営にお出ましになり、親しく戦局をみそなわされている。それがいま、今上陛下は女官に囲まれて、今日なお家庭的な生活を営まれている。ここのところは、ひとつ陛下ご自身にお出ましになってもらわんと困るのだがなあ」

私は、大西夫人から懐旧談の一コマとしてこの言葉を聞いたとき、大西の決戦思想が鮮明になった感を受けた。(草柳著)

明治天皇は日清戦争が始まるやいなや非常に怒って、この戦争をやめよと命令する。「自分はそもそもこの戦争には反対だったが、皆が開戦は避けられないというので許しただけだ……」といった。

(ドナルド・キーン(「明治天皇を語る」新潮新書))

その後、明治天皇は広島の大本営に行くが「非常に粗末な木造二階建ての家に住み、一つの部屋を夜は寝室、昼はベッドを片付け執務室にし、食事もここで摂っていました。東京から持っていった机、椅子など以外に家具はありません。壁を飾ってあるのは八角時計のみ。その殺風景さに何か

をかけてときくと、「第一線にいる軍人たちには絵がない」と断りました。(同)

昭和天皇は日清戦争より、はるかに大戦争であったにもかかわらずアジア太平洋戦争末期でも「女官に囲まれ」「家庭的な生活を営み」ながら、苦言する大臣はいなかった。大西の感覚の方がずっと健全であった。

特攻は「唯一のかたみ」か

高木俊郎(元映画監督)は、陸軍報道班員を六年間つとめ、陸軍特攻隊員と共に生活した。その体験をもとに「知覧」を「週刊朝日」に連載した。それは、昭和四〇年、朝日新聞社から単行本として発刊された。特攻隊を描いた多くの作品の中でもかなり読まれた本である。明日死ぬ若き特攻隊員らと生活を共にしたことが大きい。

高木は戦後、陸軍解体後に残務処理機関となった第一復員局の資料整理部が作った「航空特攻作戦の概要」をよんだ。「概要」の執筆者は田中耕二中佐(大本営参謀)であったが、「前言」に次のように書いている。

大東亜戦争間における「特攻」、また、偶然の所産でなく、この民族精神の発露にほかならない。ただ古今にまれな「特攻」「全員特攻」を生じたのは、量、質ともに優勢な敵に対し、いまだかつて敵に汚されたことなき神州を、誓って護持しなければならぬ絶対の境地に、立たせられたのによるものである。従って「特攻」こそ、大東亜戦争の本質や様相を、最も端的に表現するもので、敗れて、すべてを失ったにひとしい日本が、後世に残す、唯一のかたみともいい得るものであろう。

特攻隊は、フィリピンや沖縄戦で組織されたため、私の兄栄助らの北方千島方面にはなかった。栄助らは第二部に記したようにソ連艦隊の一隻を沈め二隻めに体当り自爆した。特攻隊とはいわれなかったが、その決死の突入はまったく同じである。二隻撃沈という「成果」もAクラスである。ただしそのロシア兵にも、母がおり妻や子供がその帰宅をまちわびていたのであろうが。

身近にこういう兄をもつ私としては、「特攻」こそが大東亜戦争の本質や様相を端的に表現した、「後世に残す、唯一のかたみ」というこの評価には根本的に異議がある。まさにその逆である。「特攻」こそあの戦争の根本的なあやまりとおろかさの集中点であった。とくに絶対国防圏の要のサイパン陥落後は、一刻も早く戦争をやめるべきであった。降伏するならこの時期であった。その期を逸し、「一億玉砕」の本土決戦を本気で準備した「天皇の軍隊」の作戦は決定的に誤まった悲劇の作戦であった。

歴史に規定されて倒錯はしているが——私もそうであった「一死報国」の若き戦士たちの精神は尊い。しかし「大東亜戦争」という美名の下に始まった戦争は、「自爆戦争としか名づけようがない」大義なき戦争だったのである。

高木によれば、特攻作戦の目的は、連合軍に精神的打撃を与えること、多少でも損害を与えてその累積の効果をねらったという。それにしては、特攻隊の犠牲は大きかった。世界の戦史に類例のないことである。

特攻攻撃による米軍の損害（米国海軍作戦年誌）は昭和二十年（一九四五年）三月十八日から六月二十二日の沖縄戦終了までで、損傷一九一隻、沈没十一隻（駆逐艦、上陸用舟艇などの小型艦のみ）。ほかに大型空母に突入したもの、一艦に二機突入したこともあった。そのころになると、米海軍の防禦策もすすんで、四〇％も命中率は低下していた。

純粋そのものの十代特攻兵

そもそも海軍予科練や陸軍特幹という少年航空兵の制度は、帝国軍隊にとってはまことに好都合の制度であった。

昭和三十七年八月、大阪に少年兵慰霊塔建立同志会ができた時、その主催者は趣意書に次のように書いた。

「少年兵のように平均十五歳で志願して行ったような者にとっては、当時の帝国主義の社会が、普通の社会だと思い、小さい時から先生に教えられてきたことは、絶対に正しいのだと信じて、戦争にすべてをうちこんできたのであります」

このように教育された少年たちが、やがて血書をして特攻隊を志願し、それを最大の光栄として、勇んで出撃して行った。

戦死者の遺書もずいぶん見たが、若い少年兵はもっともストレートに「大君」「皇国」「靖国神社」を信じた。少年兵より数年の年長者で、一ヶ月間にせよ結婚生活も体験した関大尉らとのちがいである。

おとなしい、はにかみ屋の鈴木伍長は、

大願成就《じょうじゅ》、この身体が皇国護持の大任につけるかと思うと、なんともいえない喜びで胸がいっぱいだ。必死必殺、もって、空の、み楯とならんことを誓うなり。

快活な美丈夫だった安藤伍長は、

日本男子と生れきて、皇国未曾有《みぞう》の国難にあたり、この五尺の身体で、神州守護の大任につけるは、男子の本懐、これに過ぐるなし。ただ、ただ、一機一艦、必中必殺、もって、大空の、み楯と散る覚悟であります。

大命を拝して征くなり皇国の
空のみ楯と　われ散らん

……

佐賀市出身の、あいきょう者の市川豊伍長は、

いよいよ、待ちに待った特攻隊の大命はくだった。今日のあることを、どれだけ待ちわびてい

たことか。これでおれも敵艦と刺違えて死ねるかと思えば、ただ、ただ、日本臣民として生れたありがたさが、ひしひしと胸に迫る。汗と涙でがんばった、今までの苦労は、ついに実を結ぶ時がきたのだ。この上は、突っこむまでは大事なからだである。自重して大いにがんばろう。自分らの今の心境は、あくまでも、はつらつとして、至って朗かである。それというのも、すでに進むべき道はきまっているからであろう。また、生死を超越して、おのが本分に邁進、散るべき時には、ぱっと散りゆくのが、われわれ操縦者の特性であるからだ。散って、かいある命なれば、われ大君の、み楯とならん。悠久の大義に生く。その名はゆかし、われら悠久飛行隊。征け決戦の大空へ。(「知覧」)

戦陣訓がおよぼした影響

松本軍曹の遺品のなかには、所感録のノートがあった。そのなかで、三月六日の所に、教官に与えられた課題「死生観」についての所感がある。硫黄島の日本軍が全滅の危機に立っている、緊迫した情勢の時であった。

戦陣訓に《死生を貫くものは、崇高なる献身奉公の精神なり》と示されたり。すなわち軍人の死生は、俗界の《死は運命なり》の哲学と異なり、任務に対し全身全霊をあげ、旺盛《おうせい》なる責任観念のもとに、みずからこれを超越し、その本分をつくすにあり。もとより我らは陛下のために生れ、陛下のおん為に死す。必死の覚悟は当然なり。

……

要するに、勅諭にてお諭しの通り、義を山嶽に比し、死を鴻毛《こうもう》にたとえ、ただ一途《いちず》に、その任務を完遂せば、生死は論外ならん。されど、生命を軽んぜず、自己の信念を基とし、責任観念の下に、これを決行すべきなり。(同)

戦争教育と戦陣訓は、若き純粋な兵士たちにこのような影響を与えたのである。

死の出撃直前に歌った歌

死の出撃の時に海軍では次の歌をうたった。

玉井中佐は、水筒の水を注ぎながら、涙をかくさなかった。隊員たちの間を、小さな水筒の蓋がまわっている間に、誰かが「海ゆかば」を歌い出した。やがて、低く重い斉唱になった。終ると、すこし間があって、また誰かが「予科練の歌」を歌い出した。これも斉唱になった。

歌がおわる。隊員が散る。一直線に搭乗機にむかう。プロペラが回った。つぎつぎに乗りこむ。

(「特攻の思想」)

陸軍の知覧では、

出発までに、まだ時間があった。隊員たちは円陣を作り、手拍子をとって歌った。

男なら　男なら　／　離陸したなら　この世の別れ　／　どうせ一度は死ぬ身じゃないか　／
目ざす敵艦　体当り　／　男なら　やって散れ
合唱が終ると、黒木少尉が搭乗を命じた。隊員たちは、各自の飛行機の方に走って行った。（「知覧」）

私達も当時よく皆で歌ったもので、これを書いていても泪がにじんでくる。その知覧基地に着任したさきの田中中佐（大本営作戦日課航空主任）は語っている。

航空本部では特攻対策として、酒、特別の料理、女などを与えるようにした。それを聞いて私は怒った。飛行機が確実に目的地に到達し、あるいは爆弾が必ず破裂するようにして、任務を達成できるようにするのが、真の対策だ。私は、昭和二十年三月の終りに知覧に着任したが、作戦に必要な準備が全くできていなかった。操縦者がいても、飛行機がない。飛行機は故障が多くて、飛ぶことができない。私は大本営の航空班長、鹿子島隆中佐に、激しい詰問の手紙を書いた。（同）

女学生との交流とお互いの感想

知覧基地では女学生と交流がはじまった。

第一ページは昭和二十年三月二十七日に始っていた。

兵舎のなかは暗く、せま苦しかった。特攻隊の方々が、こんな所で生活なさるのだ。それも、わらぶとんと毛布だけ。私たちがぶくぶくしたふとんに休むのが恥ずかしく思われた。一日中、おへや作り。ここで特攻隊のお兄様方が、再びかえらぬ出撃の日を待って休まれるのだと思うと、感激で胸がいっぱいだ。五時半、帰る。(同)

そのわらぶとんと毛布は、しらみがあふれていたという。

隊員のなかには、十八、九歳の少年飛行兵が多かった。無邪気でもあり、死を当然のこととして、深く考えていないようであった。彼らは、つぎつぎと歌を歌った。女学生はそれを教えてもらって合唱した。隊員たちは好んで『同期のさくら』を歌った。しかし「血肉をわけたる仲ではないが」という歌詞は妙に悲しくひびいた。近くの畑には、れんげの紫紅色と、菜の花の黄色がいりまじり、空気はしめった緑の香にみちていた。若い青年と女学生が合唱することなどは、あまりなかった戦争当時のことである。笙子たちにも、はじめてのことで胸にあふれるものを感じた。

日記の後半には、特攻隊員の感想や辞世が書きつけてあった。笙子が隊員にたのんで書いてもらった、かたみでもあった。

三年生の皆さんへ。

兵舎から町までの道で、みんな楽しく歌う合唱は、とても美しく感じた。こんな純真な生活は初めて知った。短い人生の最後の喜びだった。皆様のおかげです。ありがとう。

第六十九振武隊　少尉　堀井友太郎

桜咲く故国をあとに我はいま沖縄の海に清く散りゆく

三十振武隊　河崎伍長（同）

逃亡した司令官

戦陣訓をもっとも守らなかったのはA級戦犯であったことはすでに見たが。多くの将軍たちも同様であった。「『軍司令官は最後の一機で、必ず君たちのあとからつづく』と、特攻隊員を激励した第四航空軍司令官、富永恭次中将は、最後の一機に乗って、フィリピンの戦場から台湾に逃亡してしまった」（「知覧」）

高木は、富永中将は「太平洋戦争史上の最大の汚点となった」と、あとがきで糾弾したが、「最大の汚点者」たちは、ほかにもゴマンといる。

そもそも一三〇万人餓死者の中に、将軍たちは一人でもいたのか。

次章でふれるが、中国赤軍（革命軍）の指導者達と日本帝国軍の大多数の指導者との決定的なちがいは、（一）何のために、誰のために闘うのかという大義――志と思想（二）特権の否定、兵士と将軍は同じメシをくい、同じ生活を生死を共にした平等の戦士であるということにある。

侵略戦争の戦場「道徳」をといた戦陣訓と、革命戦士の「修養」を論じた劉少奇の革命道徳との根本的ちがいである。

〔2〕日本軍はなぜ中国で敗北したのか

特権階級の特権思想

特権、特権思想、特権的地位は、階級社会発生以来、どの時代、どの王朝、どの革命政権にもあった。これらは、各種権力につくや必ずというくらい生まれる特権官僚制と一体のものであった。資本主義社会の政治と経済とくに大企業は、特権的官僚制を能力主義として肯定してきた。例えば東京都知事の月収は二、六五〇万円、一時間当り約十万円である。石原都知事はとくに二期めに入るや週に登庁するのは二〜三日、それも一日に二〜三時間しかいなかったという。「庁外でしかできない仕事がある」と称して、腹心の側近浜渦副知事にすべて代行させていた。何をしていたのかといえば、例えば日中間の問題の島で尖閣列島に「国士」として行っていたのである。

彼はこれらの仕事ぶりと待遇について「特権」とは決して思ってはいないであろう。副知事の首がついに飛ばされても反省の弁は何もない。すでに見た長勇や荒木将軍と同じく「愛国の気持ちと志」があれば、許されると錯覚しているのである。復活した日産自動車の役員年収平均は二億円をこしたが、現場の外国人労働者では二〇〇万円にならない下層労働者が何万人といる。

一方、その階級性を否定した社会主義国家は、タテマエではなくなったはずだったが、実体的には資本主義に負けず劣らず、秘密主義のためにより大きな特権階級が生れたことは、ソ連東欧圏崩壊後に暴露された通りであった。

すでに戦後の早い時期にユーゴスラビアの元副大統領だったジラスによって「新しい階級・共産主義体制の赤い特権階級」が暴かれ、中ソ論争では対立激化の理論的政治的根拠の一つとなってきた。

一九八〇年のポーランド「連帯」労組の二一ヶ条要求は、史上始めて「党と政府官僚」の「特権廃止」を具体的要求にかかげて世界にしらしめた。慢性的食糧危機で、市民が長時間行列してとぼしい配給品を買っているのに、党と政府の特権層はいつでも、並ばずに、良い品を、安く購入できた！　特権は必ず収入と衣食住に直結する。

その「連帯」労組の労働者英雄でノーベル平和賞のワレサも、十年後に選挙で大統領になるや、自らの風呂を大理石のものにしたという記事を読み、あきれかつ特権階級の連続性と根強さには驚きはてた。

ソ連・東欧諸国の特権階級

ソ連共産党国家の巨大な特権階級が一躍国際的にしられたのは、一九七二年に亡命したミハイル・ヴォレンスキーが「ノーメンクラトゥーラ　ソ連の支配階級」を八〇年に発表してからである。（日本版は一九八二年）

ソ連の特権階級＝ノーメンクラトゥーラは、彼によると約七五万人。家族を含めると約三〇〇万人。二億六千万人口の一・五％弱。党・政府・KGB・軍・労組の中央地方計約二五万、農業経営指導者約三〇万、大学・研究機関等に十五万人。この中でも権力中枢は党と政府の二五万という。月収入は一般勤労者平均約一六三ルーブリに対して書記局課長四五〇ルーブリ、有給休暇二週間に対して一ヶ月。他に消費物資購入クーポン券、快適な住宅と別荘（グーチャ）までが割り当てられる。

衛星国だったブルガリア党書記長は、個人用の狩猟場が六つもあった。同じ「自主独立派」で宮本顕治とごく親しかったルーマニアのチャウシェスクの超特権者ぶりはすさまじく、合せて人権弾圧のはげしさに、民衆は強く反感をもって、市民革命の時に夫婦は逮捕されすぐに銃殺された。

将軍も兵士も同じ衣食住

だが抗日戦争における中国共産党（中共党）、軍の幹部には特権は基本的になかった。私は延安で最高幹部の住居をみてその実体に納得した。その時の感想を「中国革命の根拠地—延安を訪ねて」と題して、一九八五年、「労働情報」に記した。

私は戦後の青年期に中国革命に強く共鳴し多くを学んだ。それは己の体験を通じて、毛沢東「持久戦論」の正しさが実証された驚きであり、日本軍にはなかった道徳の高さであった。毛沢東著作集や整風文献をくり返しよんだ。

アメリカ人ジャーナリスト、エドガー・スノーの「中国の紅い星」、当時妻であったニム・ウェルズの「人民中国の夜明け」やアグネス・スメドレー、アンナ・ルイス・ストロングらの諸著作は、ここに紹介するように、真実の生死の記録にみちていた。それらは私の実践と合体して血肉の一部となった。

ニム・ウェルズは、赤軍兵士の日常生活と最高首脳だった総司令・朱徳、副司令・彭徳懐らが同じメシと同じ服装だったことに、つまり一切の特権なしの平等性に深く感銘している。

彭徳懐は抗日戦争中の赤軍副司令であり、朝鮮戦争の最高司令官、国防大臣（一九五四〜五九）であった。一九五九年の中共廬山会議で、毛沢東の農村農民政策、大躍進・人民公社路線の誤まりを指摘した意見書を提出し、毛沢東の逆鱗にふれて罷免された。文化大革命で入獄させられ三年も紅衛兵らの査問をうけたが、その剛毅不屈の闘魂を貫いて一寸もたじろがず、生涯の革命・戦争への堂々と主張し反論した。七四年、激しい迫害化に死去。八〇年に「名誉回復」された。

ニム・ウェルズはいう。

それはこの上もない簡素な生活だった。個人の私有物はほとんど存在せず、必需物資もその最低限にひき下げられていた。……赤軍の兵士たちは大きな二間の石床の上にござを敷いて寝た。かれらはその備品のいっさいを壁に整然とつりさげた――背のう、タオル、椀、箸、歯ブラシ、それに小銃など。夜になると非常に冷えるのにもかかわらず、めいめい薄い木綿の披臥《パイワオ》(上がけ)を一枚ずつ持っているだけだった。かれらはこれだけの人数に共用のたらいを三つ持っているだけだった。これらの「万能」たらいはあらゆる用をたした。それで脚を洗い、それですすいで(きれいになっていればいいが)、食べ物を運び、そのあげく食事のときには野菜類を盛って食卓の中央に置き、各人が私有している箸でそれを食べるのである。

ここでは彭徳懐や朱徳のスパルタ的慣習が広範な称賛を博していた。全軍が一日二回か三回の半粥の最少量と、少しばかりのお飾りのような蔬菜、それに一週に一回日曜に肉を少々食べるだけであった。もしほかの軍隊なら、栄養不良で壊血病、脚気、くる病やそのほかの似たような病気で大騒ぎが起きるのだろうが、赤軍兵士はそれでぴんぴんしていた。……私はこれは心理学上の問題であると断定した。

中国がながい世代《ジェネレーション》――正確にいえば没世代《デ・ジェネレーション》――にわたって追いこまれていた絶望的な退廃から、このような現象がついにあらわれたということなのである。この「九年来の奇蹟」の存在を十年近くだれ一人信じようとしなかったのも、怪しむにたりないことである。蒋介石すらも、一九三三年まで、赤軍のこの本質に気がつかなかったのであり、まして中国人の大部分は共産党のこの中国的変種を一種のあたらしい匪賊としてしか想像できなかった。

日本軍との大きなちがい

その衣食住は日本の特攻隊はもちろん予科練生よりはるかに低水準であった。日本軍と決定的にちがうのは、将軍が何らの権力をのぞまず、兵士たちと心と生活を一つにしたことである。軍隊における平等性を実現し、階級章すら一九五五年までなかった。

戦陣訓は「名を惜しむ」の次に「第九・質実剛健」をあげ、陣中生活は簡素、節約、奢侈をいましめとした。実際は兵士と将軍は大違いで衣も食も住も天と地のちがいといえた。

赤軍兵士は先のような食衣住であったが、予科練よりさらに若い少年兵が次のように紹介されている。

彭徳懐が頑健な戦士であることは間違いないが、その表面の革のような皮膚の下には温い心臓を持っている。軍隊内の人間に対して、温い個人的なやりかたで愛情をそそいでいるのがよくわかる。

「この小鬼たちが真の赤軍の英雄ですね」とある夕方、彭司令官に私はいった。

「そうですとも。そうですよ。かれらもまた真の小さな革命家です」とかれは説明した。「二、三百人の少年たちが長征についてきましたが、かれらは全行程を歩き通しましたよ。いま、軍隊全部のなかには一千人以上もいるでしょう。」

「長征が甘粛を通っているときのことでした。小鬼の一人が急な退却のために落伍したことがあります。かれはとある一軒の家のなかに駈けこみました。ところが、そこの老婆は少年の顔つきが気に入ったので、かれを自分の寝床のなかにかくしてその上を着物でおおい、白軍がきても見つからないようにしてくれたのです。白軍がやってきたので、老婆は少年をかくそうとして一晩中寝床の上にすわって動こうともしなかったので、かえって白軍が疑いだし、老婆は引きずりだされ、少年も発見されて、赤軍の帽子もポケットから取りだされました。

『貴様はスパイで匪賊だろう』とかれらは少年を責めたてました。

『いいえ、ぼくはスパイなんかじゃない。はやく走ることができたら、こんなところなんかにいるものか。生まれてからまだ他人のものなど盗んだことはない。赤軍だけが中国でもっとも愛国的な軍隊だし、ぼくたちは売国奴じゃないんだ』

　この小鬼は利口な少年だったから、白軍の兵隊たちや指揮官と内戦停止や抗日作戦について大いに議論をしたのです。あげくのはてにかれらをすっかりやりこめてしまったので、指揮官は面子をなくし銃殺を命じました。

哨兵がこの小鬼を銃殺しようとつれだしたときに、この少年はいいました。『どうしてあんたはこのぼくを射つのですか？　なぜあっさり首をはねないのですか？　銃砲の弾丸はぼくよりも日本人にむかって使ってください』とね。

哨兵はその少年の言葉に大いに感動して、指揮官のところに戻っていって、命令を変更するように要求しようとしたのです。『自分はこの命令にしたがうわけにはまいりません』とこの哨兵はいいました。『どうして、自分たちはこの少年を銃殺にしなければならないのですか？　この少年はほんとうに抗日者です。そのいうことにも、もっともなところがあります』

指揮官は憮然として、ただちにその場で少年を銃殺せよと命じました。すると、ほかの兵士たちがみんな、ぐるりとまわりに集まってきて、銃殺に反対したのです。そこで仕方なく指揮官もあえて主張することができなくなってしまったわけです。とうとうこの少年は脱走に成功して、いまでは赤軍とともに、現にここにいますよ。

小鬼たちが通信連絡の途中、あるいは任務遂行の半ばで、スパイとして銃殺された例は数多くあります。」

私が彭司令部を立ち去るときに、赤軍の将来に関して懸念をもらしたところ、彭司令はテーブルをたたいて、スローガンでも叫ぶようにいった。

「赤軍のことは心配するにおよびません。赤軍は無敵です！」

瀬島龍三（大本営の中心作戦参謀の一人）は、「日本の最高統帥部は、昭和十二年（一九三七年）、蒋介石直系の中国軍に一大打撃を加えれば、支那事変は早期に解決できると楽観し」たという。（「大東亜戦争の実相」）

敵をまったく見誤ったのである。

戦場におけるメシの比較

赤軍のこの秩序と日常生活は朝鮮戦争でも同じであった。

総崩れとなって撤退する国連軍に再編の余裕を与えることなく殲滅する目的で、中国軍は一二月三一日攻撃を開始して三八度線を突破し南下した（第三次戦役）。中国軍は地雷原や鉄条網を物ともせずに突撃した。ある韓国部隊の指揮官は「敵はアッという間に次から次に拠点に突っ込んできた。地雷が爆発し、鉄条網を覆うように死体が重なっていたから、多分敵は第一波に地雷原を踏ませて後続部隊が進撃する道を切り開いたと思われる」と語っている。（平松茂雄「中国人民解放軍」岩波新書）

韓国軍の白崇仁参謀総長の後記の本で、興味深かった一つは、米・韓軍と中共の食いものであった。

米軍は世界一の核兵器中心に生物・化学・通常兵器と装備を誇ってきた。朝鮮戦争における食いものも、激烈な戦場でも原則として毎日コーヒータイムがあり、毎日ビフテキが出た。将校は生野菜が不足として、日本の立川基地から野菜が空輸された。韓国軍は、米飯にキムチが出れば満足をしたとある。

中共軍は、なま米と少量のたね油だけであり、それも一週間分であった。完全武装し命がけの戦闘を三食それでまかなったのである。

米軍の猛爆撃、大砲火力に抗して敵陣に突っこむ。終期は西海岸から東海岸までの二二〇キロに地下トンネルを縦横にはりめぐらして対抗した。米軍は五次の戦闘で鴨緑江岸からソウルで反撃攻撃をうけて退却する。総崩れとなったが一週間で中共軍の攻撃はとまった。それが二〜三回つづく中で「なぜ？」と米軍は検討した結果、弾丸がきれとくに食糧がなくなる日に突撃がとまることをつきとめ、その日をまって反撃に出て三年余の死闘で五分五分の「引き分け」となったのであった。世界最強の軍隊が海外戦ではじめて勝てなかったのである。

この米韓、中朝の大戦争の中で、中共軍からは数多くの戦闘英雄が生まれた。

日本の必死隊・特攻隊とその予備軍だった予科練・陸軍特幹の少年兵と、中共軍の小鬼＝少年兵を比べてみて、その優劣はどうだったか、明らかである。

そういう比較分析したものは皆無だが、私や兄達が体験した状態と、ニム・ウェルズやアグネス・スメドレーらのルポルタージュを比べると、同じ死を覚悟してもそのあり方がかなり違うことを思わざるをえなかった。

石原慎太郎は、特攻隊賛美者だが、関大尉の遺書は読んでも、最高司令官が一人で逃亡した事実についてはあえて触れない。「知覧」に何人もでてくる伍長クラスについては「そういう者たちも」つまり「中にはいた」という程度の認識である。エリートで育ち政治家生活もそうであった彼には現場最前線の下士官、兵の苦労と困難その心情を、学ぶ姿勢はまったくない。

中国の大地に溢れたエネルギー

予科練は敗戦の年となった昭和二十年（一九四五）度だけでも約十五万余人に達した。

一方中共軍は、延安にたどりついた時は二万八千人だったが三年後には二十万、十年後の四五年には中共党員一二一万、正規軍九〇万、民兵二五〇万、大小辺辺区政府十八にまで大躍進した。

ニム・ウェルズが紹介した十一歳の小英雄の様な死を恐れぬ少年・青年が何万人にも広がった。まさに「金も、地位も、名誉も、生命さえもいらない」革命家・兵士が中国の大地に溢れだしたのである。こうなればまさに無敵である。

戦後日本の戦争総括としては、庶民に至るまで一般的なのは「アメリカに負けた」というものであろう。「新型爆弾」原爆、レーダー等の最新兵器から日本軍を数倍上回った空母群、そうした物量と生産力、科学技術の水準の違いなどである。一方、八年間に及んだ中国戦で敗れたという認識と軍事総括はほとんどない。三笠宮の反省などは（堀場参謀を除いて）他には見かけない。だが、中国戦線でも決定的に負けていたのである。米軍の全面支援を受けた蒋介石軍にも、とくに中共軍との戦闘では、軍事ヘゲモニーは時間が経つほどに著しく低下し、多くの戦線で敗北が続いた。「命がけの軍隊」「神秘の軍」は、朝鮮戦争をも貫き、世界一の兵器をもつ史上最大といわれた米軍と互角に闘った。

日本では、日清、日露戦争で当時の大国強国と戦った時には、日本軍兵士の中にあえて「国の為に死す」という兵士は、農村出身者にもいたようである。それだけに「救国大運動」に抗して反戦非戦闘争を行った社会主義者、キリスト者、歌人たちの抵抗は立派であった。

アジア太平洋戦争でも「知覧」にでてくるような純粋・誠実・勇敢な決死の兵はそれなりにはいた。が、本土決戦時の三百余万のうちにそういう将兵はどのくらいいたであろうか。それ以上に将軍、指揮官群のおん身大事、「名誉も地位も金もましてや生命」もほしい指導層は大半をしめ、井上、高木提督ら「一刻も早く降伏を」という幹部はごくわずかであった。

徹底抗戦で自ら生命をすててまでという将官も、大西中将ら数えて何人いたかという程度であった。中共軍の朱徳、彭徳懐らとは比較にならない。この大きな落差の根本は、他国他民族を隷属させ植民地をめざす侵略・帝国主義戦争の虚妄さと、一方において民族と人民の名誉と地歩をかけて闘う民族解放革命戦争と土地農村革命の複合さの決定的相違点であった。

政治戦略なき軍事戦略の決定的敗北であった。その軍事戦略は日清・日露戦争の「先例」踏襲という経験主義に陥ったものであった。それは、精神力の極端な重視と兵糧兵站と情報戦の軽視が特徴だった。しかも軍隊における精神力は中共軍の方がはるかに上回っていたのである。

〔3〕孔子から孫文まで――遺産の継承

日本軍最高幹部と中共軍の首脳について、とくに彼等の道徳観について比較してみたい。勝利した軍隊と敗北した軍隊の道徳はどのようなものであったか。「特攻の思想」に基き、必死隊を上からつくった指導者は、日本海軍の軍令のエース・大西瀧次郎であった。そして、特攻隊の実像と大西本人の「哲学」についてはすでにみてきた。ここでは中共軍について見よう。

彭徳懐副司令の人徳

中共軍でその地位と実力で大西に該当するのは、私見では彭徳懐である。彼の唯一の著作は「彭徳懐自述―中国革命とともに」(サイマル出版会)である。

私は各国の革命史、理論、伝記類を六〇年間にかなり読んだが、この自述は全く異色である。毛沢東が異端狩りに「狂った」としか言いようのない文化大革命の嵐の中で、昂然と胸をはって反論した希有の自伝である。革命家列伝にも国際革命運動史上でも稀なものの一つであろう。

前記ニム・ウェルズは、抗日戦争直前の彭徳懐副司令の初印象について記している。

彭徳懐——清潔、正直と清教徒のような精神。彭徳懐は中国の偉大な国家的指導者になるべき人物である。……清教徒のような彭徳懐の清潔な正直さほど、大衆の信頼、したがってまた忠誠心をかち得ることができるものはないのである。この清教徒のような精神こそが今日の中国において指導層のもっとも要求される資質であり、それはかつてヨーロッパがその発展途上のおなじような時期にそれを必要としたのと、まさに軌を一にしているのである。

大西と彭は共に特権をきらい、兵士と一体化しようとした。しかし大西には家庭料理は拒否したが将校用メシまで兵士と同じという姿勢と生活はない。大きな機密費もあったうえでの清潔さであり、私欲の否定であった。これに比べて彭は、前記の兵士と同じタライで飯をくい、文字通り特権なき生活であった。

この二人の差は「天皇制国家」と「人民政府」、「天皇の軍隊」と「人民の軍隊」という国家と軍隊の根本的性格と特徴から規定された。

名将の下に弱卒なし、といわれるが抗日戦争における少年兵も、朝鮮戦争の何万という戦闘英雄も、朱徳や彭徳懐らが代表した「中国における西郷隆盛」ともいうべき政治と軍事、道徳を体現した多くの名将と政治委員なくして生まれえなかったであろう。

だが中国革命を成し遂げた指導者たちは、文化大革命で引き裂かれた。権力必腐の典型であった。アクトンが「権力は腐敗する、絶対権力は絶対的に腐敗する」と言った「歴史の法則性」が中国革命をも変質させた。「毛沢東の私生活」上・下（李志綏著、文芸春秋社）は毛沢東の主治医が書いたものである。政治に関する記述を除いた私生活部分の記述は、ほとんど事実に近いものだと言われている。特権階級の否定者が、体制を打倒して自らが権力者となるや十年後には変質が始まったというわけである。

腐敗はいつ始まったのか。私は毛沢東による彭徳懐国防相（当時）の罷免がその合図であったと考えている。

赤軍に強姦は一度もなかった

赤軍総司令朱徳については、アグネス・スメドレーの名著「偉大なる道」（岩波書店）が詳しい。日本軍における従軍慰安婦の存在は、世界の軍隊の中でも規模においてズバぬけている。これに反して中国赤軍では、強姦の発生は皆無に近いといわれている。日本人と中国人は「人種が違うのでは」とさえいわれた。人民への服務精神と道徳が全軍に貫いていたのであろう。古今東西の軍隊でこういう軍隊はいくつあったろうか。

ニム・ウェルズは言う。

赤軍が人民の支持をうけている理由の一つが、赤軍兵士たちが婦女子を保護し、強姦を厳禁したことであるのは明白である。この点について、私が朱徳に問いただしたところ、正規の赤軍が一九三〇年ごろに組織されてから、強姦問題は一度も起こったことがない。この問題に関する規律は百パーセント良好である。しかし、過去の初期のころには、この種の犯罪者に対して軍法会議で審判する必要があったこともあり、有罪者は即時に銃殺に処したと朱徳は答えた。

三大規律八項注意

抗日戦争中、劉少奇は毛につぐ№2といわれ、一九三九年に「共産党員の修養を論ず」を講演した。それは抗日持久戦のさなかの四二年からはじまった整風運動で、必読二十二指定文献に入り、日本では「整風文献」毛・劉著として一九五三年三月に発行された（大月書店）。

「修養を論ず」の革命道徳論は、党と軍にしっかりと根づき「三大規律八項注意」の思想的道徳的背景となった。戦陣訓と比べてみよ。

〔三大規律〕一、命令には敏速に服従する。二、民衆からは糸一筋針一本とってはならない。三、敵や地主からとったものは公のものとする。

〔八項注意〕一、言葉使いは穏やかに。二、買い物は公正に。三、借りたものは返す。四、壊したものは弁済する。五、人を殴ったり罵ったりしない。六、農作物を荒らさない。七、婦人をからかわない。八、捕虜をいじめない。

特権思想と地位と利害は、党の基本精神として否定され軍を貫いたのである。劉少奇は論じた。

「身を殺して仁となし」、「生をすてて義をとる」ことも、必要あるばあいには、多くの共産党員にとっては、当然なこととみなされる。しかも、それは、彼らの空想とか名誉心などからくるのではなく、彼らの社会の進化にたいする科学的な理解と自覚からくる行為なのである。

……先憂後楽──彼は、「天下の憂いに先んじて憂い、天下の楽しみにおくれて楽しむ。」彼は、党内では、くるしいことは人に先がけてやり、人におくれてめぐみをうけ、人にくらべて待遇がよいかわるいかなど問題にせず、人にくらべて革命の仕事が多いかすくないか、苦労してたたかっているかどうかを問題にする。（「共産党員の修養を論ず」）

中共の道徳は、すべてを「鉄の規律」でしばりつけるのでなく、個性や家庭、教育や病気の配慮もある。私の日共──新左翼時代を通じて、党は「怪我と病気はすべて自分もち」であった。個々の医師や診療所の職員たちが本当に親切であったとしても。

孔子から孫文まで──遺産の継承

猪木正道はドイツに留学して、ドイツ革命、ロシア革命に精通した。マルクス、レーニン、スターリン、トロツキー、毛沢東、グラムシ等を学び中国革命も研究した。だからこれらに対する批判も相当的確なところも多い。彼は一九七〇年に京大教授をへて防衛大学学長となる。著書「軍国日本の興亡」における日本軍や満州事変と日中戦争、大東亜戦争についての批判は、左翼かと見まちがうほどきびしい面が多い。当時の防衛庁と彼を任命した長官は、小泉内閣の石波長官らと比べると、そこには大きな落差がある。

猪木は「共産主義の系譜」（昭和五九年増補版、角川文庫）で、「ヨーロッパ文明とキリスト教」に対比した形で「中国革命と儒教」の関係を肯定的にとらえている。中国革命をこの視点でとらえたものは、日共中央や新左翼党派政治にはほとんどなかった。

国家主席に就任したあとの劉少奇は、前記「修養を論ず」を大幅に加筆修正したものを発行した。それは党幹部の必読文献として、一六八〇万部も配布され読まれたという。その際注目すべきは、前著にはなかった孔子、孟子の名前がしばしば登場することである。

中国の三〇〇〇年におよぶ長い歴史の中で、最良の思想、政治、軍事と道徳を学び継承し、今に生かし発展させるというのは、毛沢東や劉少奇が幾たびか明言してきたことである。毛軍事論をみても孫子、諸葛孔明をはじめとする戦史を実によく学び、戦略戦術から、情報―孫子の「間諜」まで、或いはゲリラ戦を現在の遊撃戦に生かすなど、伝統と現在を実によく生かし実学活用してきた。「政治と道徳」も、孔子孟子等によく出てくる「堯・舜の政治」道徳国家・道徳政治を理想としてきたことがくり返しでてくる。

王道も覇道も古来の政治思想であったが、孫文の「大アジア主義」（一九二四年）にひきつがれた。堺利彦は、一九〇四年、おのれの理想として「孟子に学ぶ」を著したことは記憶されてよい。

仁義道徳とホー・チ・ミン

劉少奇とならんで東洋の道徳を現代革命の道徳としたのは、ベトナム革命の父といわれたホー・チ・ミンであった。「正伝ホー・チ・ミン」はいう。

かれは、労働者階級の徹底した革命思想とベトナム民族のもっともすぐれた伝統を結合して一つの革命の道徳をつくったのである。『革命の道』のなかで最初にとりあげている問題は〈革命家の資格〉、つまり革命道徳である。それによれば、自ら勤勉節約であり、公平無私、断固として自分の誤りを正し、名声をほしがらず、いばらず、言ったことは必ず実行し、主義主張をまもり、犠牲を恐れず、物欲をなくす……である。

かれは幹部に革命道徳を教育することは思想と政治を準備するにあたり第一の問題で、そのことがベトナム労働者階級の真の革命党を創設するものであると考えていた。

ホー・チ・ミンの革命道徳は、儒教の東洋道徳―仁義道徳（孫文）のベトナム版であったと言っていいだろう。

一九四七年十月、「仕事の仕方の改革」という本を書き、幹部と党員のため、思想、道徳、作風の修養の資料とした。かれは党建設の十二ヵ条と革命道徳の五項目としての仁、義、志、勇、廉　をあげ、次のように述べた。

川には源がある、源がなければ、川は枯れる。革命家には道徳がいる。道徳がなければどんな才能があっても、人民を指導することはできない。

かれは革命の道徳は新しいもので、偉大な道徳であり、その道徳は個人の利益のためでなく、党、民族、人類共通の利益のためのものであることを明白にした。

私は一九七〇年にこの革命道徳論を読んだとき、強く共感、驚嘆した。劉少奇やホー・チ・ミンそしてカストロらの革命道徳論にあたるものは戦後日本にはなかった。身につけて実践した先輩はかなりいたが。

【2】二つの「アジア主義」

〔1〕「満州国」を全アジアに――「偉大な明治」と覇道・帝国主義

「大東亜戦争」には目的がなかった

一九四一年十二月八日に始まった対米英蘭戦争は、直後に大東亜戦争と名づけられたが、「奇怪といっていいが、開戦後二年を経過しながら、日本は明確な戦争目的が存在しなかった」（深田裕介、PHP新書「大東進会議の真実―アジアの解放と独立を目指して」、以下〈深田著〉）。「自存自衛のため」だけが大戦争の目的だったのである。もちろん十五年戦争の始まりから、ある理念とキャッチフレーズはあった。

満州侵略（一九三一・九・八）開始時には「王道楽土」「五族協和」と「満蒙はわが国の生命線」であった。

日中全面戦争になるや「日満支による東亜新秩序の建設」（松岡外相）となり、一九四〇年の第二次近衛内閣は「大東亜新秩序の建設」と「大」がついたが、大東亜とは日満支プラス南方なのであった。この思想と路線を「アジア解放」に理念化し、はじめて戦争目的としたのが新外相となった重光葵（前駐華大使、戦後改進党総裁、鳩山内閣副総理）である。

重光は四月末、駐華大使から、谷正之と交代して外相に就任、これまで「自存自衛」と認識されてきた戦争目的に、「アジア解放」という理念を導入した。「大戦争を闘う日本には、戦う目的について堂々たる主張がなければならぬ。自存自衛のために戦うというのは、戦う気分の問題で、主張の問題ではない」「日本の戦争目的は、東亜の解放、アジアの復興であって、東亜民族が植民地的地位を脱して、各国平等の地位に立つことが、世界平和の基礎であり、その実現が即ち、戦争目的であり、この目的を達成することをもって日本は完全に満足する」（深田著）

この重光による戦争目的は、大東亜会議の「大東亜共同宣言」に結実し明文化された。

大西洋憲章と大東亜宣言

「大東亜共同宣言」は、二年前の一九四一年八月十四日に、ルーズベルト米大統領とチャーチル英首相名で発表された「大西洋憲章」の模倣といわれた。憲章は次の八項目原則が示された。

一、領土を拡大しないこと

二、関係国民の自由に表明した意思と一致しない領土の変更を行なわないこと

三、すべての国民が政体を選択する権利をもち、主権および自治を強奪されたものに主権および自治を返還すること

四、大国たると小国たるとを問わず、戦勝国たると敗戦国たるとを問わず、すべての国が、自国の繁栄に必要な世界の通商および原料の均等条件における利用をなしうること

五、すべての国と経済的分野において協力すること

六、ナチの暴虐を破壊したのち、すべての国のすべての人間を、恐怖と欠乏から解放しうる平和を確立すること

七、公海を自由に航行しうること

八、交戦国の武装を解除して、〈広汎で永久的な一般的安全保障制度〉を確立すること

日本が米英と戦端を開く四ヶ月前であり、現在のアフガンやイラク戦争開戦前の米国と大ちがいで戦後平和秩序の大綱をも提示していた。

ただし第三項は英のインド支配を手放さないことが合意とされた。第八項の「交戦国の武装解除」は、一九二八年パリ不戦条約↓憲章↓戦後日本の平和憲法の「戦争放棄」「武力不保持」につらなる

歴史的位置をもしめていた。

重光は憲章への対抗思想として「宣言」を提示した。

〔大東亜共同宣言〕

抑々《そもそも》世界各国が各其《そ》の所を得相倚《あいよ》り相扶《あいたす》けて万邦共栄の楽を偕《とも》にするは世界平和確立の根本要素なり

然《しか》るに米英は自国の繁栄の為には他国家他民族を抑圧《よくあつ》し特に大東亜に対しては飽《あ》くなき侵略搾取《さくしゅ》を行い大東亜隷属化《れいぞくか》の野望を逞《たくまし》うし遂には大東亜の安定を根底より覆《くつがえ》さんとせり大東亜戦争の原因茲《ここ》に存す

大東亜各国は相提携して大東亜戦争を完遂し大東亜を米英の桎梏《しっこく》より解放して其の自存自衛を全《まっと》うし左の綱領に基き大東亜を建設し以て世界平和の確立に寄与せんことを期す

一、大東亜各国は協同して大東亜の安定を確保し道義に基く共存共栄の秩序を建設す

一、大東亜各国は相互に自主独立を尊重し互助敦睦《ごじょとんぼく》の実を挙《あ》げ大東亜の親和を確立す

一、大東亜各国は相互に其の伝統を尊重し各民族の創造性を伸張し大東亜の文化を昂揚す

一、大東亜各国は互恵の下緊密に提携し其の経済発展を図り大東亜の繁栄を増進す

一、大東亜各国は万邦との交誼《こうぎ》を篤《あつ》うし人種差別を撤廃し普《あまね》く文化を交流し進んで資源を開発し以て世界の進運に貢献す」

日露戦争と「大東亜戦争」は同じアジア解放をめざした正義の戦争だとする靖国史観は、この宣言をも当然に肯定評価する。岸信介―瀬島龍三―安倍晋三らも、日米同盟への配慮から言葉を濁しているだけで、同じ認識と歴史総括なのである。

フィリピン人の日本への強い反感

大東亜会議に参加したフィリピンのラウレル首相は、日本の言行不一致を次の様に糾弾した。

率直に云い、日本は比島人の心理をつかむに失敗せり。比島民衆は此三年間、初めて多数の日本人と接触して残忍なる民族なりとの観念を抱くに至れり。其掲《そのかか》ぐる理想は我等の共鳴措《お》く能《あた》わざるものなるも、其行う所は民衆の生活を顧みず、却て之を不安ならしめ、軍に対する不満不平の声は漸《ざん》を追って全国に瀰漫《びまん》す。殊に憲兵の苛烈横暴《かれつおうぼう》に対する反感は、政府要路の者に至るまで浸潤《しんじゅん》し、到底救うべからざるに至れり

また現アキノ大統領の義父にあたるベニグノ・アキノ国会議員も語っている。

日本の占領はスペイン時代を再現したようだ。しかもスペイン時代は名目だけでも裁判制度があったのに、日本の憲兵は、裁判も何もなく、相手が何人《なんぴと》だろうと意に介しない。これは日本の比島政治史上の大失敗である（深田著）

日本軍はフィリピンに六一万三六〇〇人の大兵力を派遣したが、そのうち四九万八六〇〇人実に

八一％が戦没という、太平洋戦争で最大規模の戦没者をだした。最大の激戦地レイテ島では八万四〇〇六人を投入したが、生存者はわずか三％であった。分類不明だがその大多数が餓死者であった。藤原教授の分析では五〇万人戦死というが、八割の四〇万人が餓死という。自ら従軍し九死に一生をえた作家・大岡昇平の「野火」や「レイテ戦記」には、極限状況で戦友の人肉食いにまで走ったことが記されている。そして大岡は「これはわれわれの良心に最も重くこたえる事実です」と書いた。

輸送船が米潜水艦等に沈められて、約三万人の命が海没死した。堀情報参謀が自著で大本営作戦課のでたらめさを糾弾していることはすでに見た。（「大本営参謀の情報戦記」）

一方、フィリピン民衆の抵抗も強く、ゲリラ闘争との闘いが占領統治の大きな比重をしめ、その中で大量の住民虐殺が行われた。

マニラ市内、フォート・サンチャゴに憲兵隊司令部があったが、ここにはスペイン時代に造られたパシグ河口に面した牢獄があり、潮が満ちてくるに従い牢内の天井まで河面《かわも》がせり上がってきて、拘留者は溺死してしまう仕組みになっている。マニラ憲兵隊が、この牢獄を使用して、多数のフィリピン人を殺害した事実は有名である。（深田著）

日本の刑務所は山県有朋の指図で作ったといわれ、徳田球一らの「獄中十八年」の網走等が有名だが、マニラのこの水責め牢獄の様なものはない。植民地刑務所の典型であり、私もピースポートでここを見たが、想像するだにぞっとした。

「偉大な満洲建国」論

深田は重光葵とくに石原莞爾を大いに尊敬しているらしく「満洲建国」の究極の目標が「東亜の解放」にあったとして、その先見性を高く評価している。

だが、深田が書いているように、満州国総理「張景恵ははっきりと、大日本帝国首相東条英機の発想において、大東亜共栄圏とは、すなわち全アジアの満洲国化にほかならない」ものであった。満州国総理は東条の「言い換え装置」メガホンだった。「満洲国」は、石原莞爾の「王道楽土」「五族協和」でも何でもなく、単なる完全な植民地であり、傀儡国家そのものであった。

満洲事変と「満洲国」をつくったのは板垣征四郎と、とくに石原莞爾（共に関東軍参謀）で、中国東北地方の鉄道爆破現場には、記念館と二人のレリーフがつくられてある。

「満洲国を支配した五人」とは「二き三すけ」であった。満洲では七〇万人の関東軍を擁し司令官は関東庁長官と駐満全権大使を兼任するが、実際は板垣、東条らであった。「二き」とは関東軍を支配した参謀長・東条英機と、総務庁長官（形は次長、実際の「首相」）のち企画院総裁の星野直樹、「三すけ」は松岡洋右（満鉄総裁、のち外相）、鮎川義介（日立、日産とくに新興重化学工業中心の日産財閥――三井、三菱につぎ一三〇社、十五万人）そして岸信介である。岸と松岡は姻族、鮎川も同じ長州で遠縁という公私で結ばれていた。

岸は「満洲の産業化は私が描いた作品だ」と豪語したが、アジア太平洋戦争の戦略・兵站基地として軍需用重工業をきずきあげたのであった。

岸を「政治家」として成長させた最大の要因は、満州の権力機構そのものにある。「主権者」である皇帝溥儀《ふぎ》の権限はなきに等しく、行政権をもつ国務院は、事実上、岸ら日本のエリート官僚に支配されていた。立法権もまた、制度的には立法院にあるのだが、実際には、日本人の掌握する法制局が、各部局からくる法案を成立させることができた。しかも、これらすべての活動と権限は、関東軍のいわゆる「内面指導」に従属するのであり、関東軍こそ満州の絶対的支配者であった。

岸が産業開発五カ年計画を遂行するにあたっては、前述の通り、いかに関東軍から権限を委ねられていたとはいえ、つねづね同軍との関係に意を用いていたことは事実である。彼は重要問題の折衝相手となる歴代参謀すなわち板垣征四郎、東条英機はいうに及ばず、石原莞爾（参謀副長）、片倉衷（参謀）、竹下義晴（参謀）ら有力将校と親交を結んでいく。（原彬久「岸信介―権勢の政治家」岩波新書）

岸信介・関東軍のアヘン大密売

原彬久のこの本は、著者が昭和五五年から一年半、二十数回の岸へのインタビューを行ったことがもとになっている。著者はまた昭和史をよく調べ、岸が「戦前・戦中・戦後を通じて日本政治に巨大な足跡を残した」とし、その全人像をよくとらえている。

私は保革の政治家伝（本人のをふくめて）をかなり読んできたが、この本は「昭和の妖怪」岸の全体像を描いた出色のものと思う。その厖大な資金源とパイプは、田中角栄とは大きくちがっている。イギリス帝国を元祖とする国家のアヘン密売による資金獲得は、かなりの国が裏口でやっているが、満州では関東軍—岸—甘粕らがかんでいたという。

甘粕のカネ遣いは、そのスケールにおいてケタはずれであった。アヘン密売によるところが大きかったといわれる。

それにしても、当時満州国政府の幹部として総務庁主計処長を務めていた古海が、アヘンを「すべて取り仕切ってきた」ということは、すなわち満州国政府そのものがアヘン密売の当事者であったことを意味する。しかも古海は岸総務庁次長の忠実な部下であったこと、岸と里見が密接な関係にあったこと、そして岸・甘粕間に太いパイプがあったこと等々から割り出されるこの相関図を前にするとき、さてこの相関図から、改めて岸を捨象することはむずかしい。

同時に忘れてならないのは関東軍の存在である。絶対的権力者としての関東軍がこうしたアヘン取り引きを知らないはずはないし、むしろこれを容認し、これに積極的にかかわっていたことは明らかである。アヘンによる収入が関東軍の巨額の機密費を賄っていたわけである。

岸の絶大権力を支えたのがアヘンによる金であった。「（甘粕正彦の）排英工作……要するに特務だな。この甘粕のために岸さんが八千万円つくってやったことがある」との証言を引き出し、これに対して岸は「それくらいは大したことはない」といって一〇〇〇万円、いまなら（九〇年代前半）八五億円の金をあっさりその場で引き受けたという。

岸のソツのなさを表しているのが有名な「濾過器」論である。

諸君が選挙に出ようとすれば、資金がいる。如何にして資金を得るかが問題なのだ。当選して政治家になった後も同様である。政治資金は濾過器を通ったものでなければならない。つまりきれいな金ということだ。濾過をよくしてあれば、問題が起こっても、それは濾過のところでとまって、政治家その人には及ばぬのだ。そのようなことを心がけておかねばならん。（岸信介「私と満州国」）。

岸は「満州建国」の実績をひっさげて帰国し東条戦争内閣に登場する。

東条の引きもあって、離満後商工次官、商工大臣となった岸は、今度は東条に政治資金を与えるようになるが、いずれにしても、満州で固まった岸・東条の親密な関係は、アヘン疑惑を含むカネの関係でもあったといえよう。

大東亜会議とは、深田裕介の高評価の正反対、つまり、右にみてきた「満州国の全アジア化」なのであり、大東亜会議は、深田の願望に反して「アジアの傀儡を集めた茶番劇」そのものであった。

二〇〇五年のいま、六〇余年前の大東亜会議や、植民地傀儡国家・満州や岸信介の悪事の数々をあえてとりあげるのは、その岸や政治を最大の理想とする政治家群が再登場しはじめたからである。

ポスト小泉の一番手は、安倍晋三といわれる。彼は岸の孫であり、最も尊敬する政治家として祖父岸信介をあげ、その業績をよく勉強しているといわれる。その安倍と岡崎久彦（読売・産経グループの「影の外相」格で、首相の靖国参拝を断平貫け、日本はアングロサクソン同盟固守、イラク戦争断平支持・参戦を叫び、安倍の「応援団長」を自認している）との対談集「この国を守る決意」（扶桑社）は、遊就館書籍部に山づみされている。（〇五・五現在）

朝鮮―日本が「絶対に譲れない」地域

靖国神社・遊就館が発行した「図録・日露戦争百年」（平成十七年三月）には、何人かの学者の論稿が収録されている。

その一つ「日露戦争と大東亜戦争」で平間洋一（元防衛大教授）はいう。

日露戦争と大東亜戦争は、いずれも有色人種の人種平等と有色人種による民族国家の独立に寄与した戦争であった。日露戦争当時の有色人種は白人人種の支配下にあり、植民地にされ労務者や召使いになる以外に選択肢のなかった時代であった。この西欧帝国主義の植民地化の波が、ユーラシア大陸を越えて朝鮮半島に迫ってきた時に、黄色人種の日本が始めて白色人種を破り、有色人種が反撃に転じたのが日露戦争であった。

この「有色人種」には朝鮮人民ははじかれている。なぜならその朝鮮は「日本の生命線」として日本の軍事力で強権的に支配圏とされた。

朝鮮半島は、我が国の安全保障のかなめとして、絶対に譲れない地域であった。征韓論が生まれ、江華島事件がおこり、日清戦争が勃発したのは、そのためである。（「日本の理想」監修・永江太郎〈軍事史学会理事〉）

韓国人は当時も今もこの「朝鮮生命線＝利益線」論を決して認めないのは当然のことである。白崇仁韓国初代参謀総長が、日清、日露戦争で「頼みもしないのに」韓半島に勝手に上陸し戦闘したことを今日でも許さない（本書第二部）と述べ、ノ・ムヒョン大統領が、靖国、教科書、竹島（植民地の過程で外交権をとりあげ一方的に日本領とした）問題で一歩も立場を譲らないのも当然である。

永江論文は、「日本の理想」で「絶対に譲れない」「朝鮮利益線」として二つの戦争がその領土で行われたという。この理想とは「天皇の軍隊」を掲げ、長州軍閥を中心とした新興帝国主義の強兵路線派の理想だったのである。

これに対して幕末の勝海舟が代表した理想は、その正反対であった。彼は神戸に海軍操練所を作り、坂本龍馬を塾頭として日本海軍の基礎作りを行った。勝の理想は、文明の名の下にインド、中国をおそっていた西洋帝国主義による植民地化に対抗しようとするところにあった。香港を支配下におき、つぎに日本と朝鮮をねらう欧米列強帝国主義に対して、日・朝・支（中国）の三国同盟をつくり団結することであった。その共同防衛のための第一歩として、日朝結束の海軍を共同でつくろうとしたのである。

しかし、その後の歴史では、日本は英仏をはじめとした欧米帝国主義のアジア侵略を追いかけ、覇道のあと追い路線を採択した。隣国朝鮮の植民地化をめざしたのが「偉大な明治」の実態であった。幕末から明治にかけて、近代日本の未来をかけて二つの道が対抗していた。

〔2〕見直さるべき勝海舟、堺利彦、山川均ら

昭和十八年（一九四三）十一月の大東亜会議は、軍服姿の東条首相を中心にビルマ、満洲、南京政府、タイ、フィリピン、自由インド仮政府（扶桑社「新しい歴史教科書」二〇〇一年版は、これらの国名がそのまま使われている）の写真が新聞トップをかざった。「新しい歴史教科書」は「会議では、各国の自主独立、各国の提携による経済発展、人種差別撤廃をうたう大東亜共同宣言が発せられ、日本の戦争理念が明らかにされた。これは、連合国の大西洋憲章に対抗することを目指していた」と当時いわれた大東亜解放論が肯定的に紹介されている。

だが、大東亜戦争と大東亜会議の実体は、前節でみたように明治以来の覇道アジア主義の到達点

であった。

竹内好のアジア主義

日本におけるアジア主義研究の集大成は竹内好「アジア主義」（筑摩書房）であり、その歴史的限界と弱点の克服をめざした松本健一の「竹内好『日本のアジア主義』精読」（岩波書店）等であろう。

竹内の「日本のアジア主義」の全体の構成はこうなっている。

Ⅰ　原型＝岡倉天心「東洋の理想」、横井藤吉「大東合邦論」。

Ⅱ　心情＝宮崎滔天「三十三年の夢」、平山周「山田良政君伝」、相馬黒光「ラス・ビハリ・ボール覚書」、藤本尚則「巨人頭山満翁」。

Ⅲ　論理＝内田良平「日韓合邦」、大川周明「革命ヨーロッパと復興アジア」、同「安楽の門」、尾崎秀実「『東亜協同体』の理念とその成立の客観的基礎」、同「検事訊問調書」。

Ⅳ　転生＝飯塚浩二「アジアのナショナリズム」、石母田正「幸徳秋水と中国」、堀田善衞「日本の知識人」。付＝著者略歴・参考文献・アジア主義関係略年表。

編集者・竹内による「解説　アジア主義の展望」の各項目は次の通りである。

アジア主義とは何か／自称アジア主義の非思想性／アジア主義発生の基盤／玄洋社の転向と天祐侠／大井憲太郎と大阪事件／樽井藤吉と『大東合邦論』／福沢諭吉と中江兆民／岡倉天心／宮崎滔天と吉野作造／問題の再設定／玄洋社とその評価／西郷の二重性

そしてアジア主義については「アジア歴史事典」（59～62、平凡社）の野原四郎の「大アジア主義」が比較的に近い（いくつもの相違も）としたうえでいう。

私の考えるアジア主義は、ある実質内容をそなえた、客観的に限定できる思想ではなくて、一つの傾向性ともいうべきものである。右翼なら右翼、左翼なら左翼のなかに、アジア主義的なものと非アジア主義的なものを類別できる、というだけである。そういう漠然とした定義をここでは暫定的に採用したい。

黒竜会によるアジア征服者たち

竹内と松本らのアジア主義から学ぶことは多い。私は専門家ではなく、蓄積もはるかに少ないが、六〇年間闘い生きた社会主義と労働運動の実践・経験と学習をへて、次の諸点は意見がちがう。

私はかねて日本のアジア主義には二つの源流があると考えてきた。一つは長州・吉田松陰から発する流れであり、もう一つは、日本海軍の創始者であり徳川最後の陸軍総裁だった勝海舟による流れである。この二人が二つの流れをそれぞれ代表してきた。覇道的アジア主義と王道的アジア主義ともいうべきその歴史的原点である。

吉田松陰は松下村塾で、高杉晋作をはじめ桂小五郎、久坂玄端、山県狂介（有朋）、伊藤博文ら明治維新革命の若き志士たちと明治政府の中心指導者たちを教え育てた。がその半面、彼の覇道アジア主義の位置づけについて戦前右翼に君臨した黒竜会の「東亜先覚志士紀伝」〔上〕（一九三三年刊）でいう。

橋本佐内は「日露同盟に依って満韓を経略し、版図を海外に拡張する必要」を説き、吉田松陰は『朝鮮を責めて、質を納《い》れ、貢を奉ずること古《いにしえ》の盛時のごとくならしめ、北は満洲の地を割《さ》き、南は台湾、呂宋《ルソン》諸島を収め、進取の勢を示すべき」ことを主張し、また「国力を養いて取り易き朝鮮、支那、満洲を斬り従えん」ことを説いた。さらに平野国臣に至っては「神武必勝論」なる雄篇を執筆し（た）。

勝海舟の日朝中同盟構想

勝海舟は、幕末いらい明治期の日清戦争にいたるまで、一貫した日本・朝鮮・支那（中国）三国同盟論であった。

文久三年（一八六三）四月二七日の「日記」でいう。

我が策は、当今亜細亜州中、欧羅巴人に抵抗する者なし、これ皆規模狭小、彼が遠大の策に及ばざるが故なり。今我が邦より船艦を出だし、弘く亜細亜各国の主に説き、横縦連合、共に海軍を盛大し、有無を通じ、学術を研究せずんば、彼が蹂躪を遁がるべからず。先最初、隣国朝鮮よりこれを説き、彼支那に及ばんとす。

これはまさに、日本・朝鮮・「支那」三国の同盟論ではないか。

神戸海軍操練所については、元治元年（六四年）十月八日付で軍艦奉行安房守名でいう。

……予建議して曰く、宜しく其規模を大にし、海軍を拡張し、営所を兵庫・対馬に設け、其一を朝鮮に置き、終《つい》に支那に及ぼし、三国合従連衡して、西洋諸国に抗すべし。（氷川清話）

その塾生は、幕府の枠組をとり払って諸藩の浪人を多くいれ、坂本龍馬を塾頭とした。その年五月に正式発足するが、七月の禁門戦争で自信を回復した幕府によって年末には地位も奪われて謹慎処分、操練所も閉鎖された。三国同盟は、「瞬間の夢」に終わった。

日清戦争は、日本を「圧迫された国」から「圧迫する国」へと転換させた点で、日本近代史上画期的な戦争であった。が「直接の開戦理由が、朝鮮の内政改革というきわめて説得力のうすいもの」であったため、勝海舟は「無名の師」つまり大義名分がまったくないと反対した。「明治天皇も開戦にあたって消極的だったのはそのためであった」。（藤村道生「日清戦争―東アジア近代史の転換点」岩波新書）

海舟は幕末以来の筋の通ったアジア同盟論者である。東アジア三国の団結で欧米の侵略をはねかえせという原則的立場を維持し続けている。清国と対立して欧米の側に身を置くという思想を持たない。アジア側に身を置いているので、兄弟喧嘩をして仮に日本が勝っても、イギリスやロシアに乗じられるだけだと事前に注意し、戦後になると、それみろ俺の言うとおりではないかと繰り返し強調する。（松浦玲「明治の海舟とアジア」）

勝の「氷川清話」（まえがき・江藤淳、解題・松浦玲、昭和四九年、講談社文庫）は、かつての吉本裏の改竄《ざん》、意図的つくりかえを徹底的にあらいなおしたものである。「政治家の秘訣は正心誠意」「外交の極意は誠心誠意」など、彼の実践に照応して、たいへん面白く有益である。また人物論は、日本の今昔と共に中国・朝鮮・フィリピン人におよんでいる。

例えば朝鮮の大院君についていう。

大院君、丁汝昌との交流

「この人については、種々の批評もあるが、とにかく一世の偉人だ」「大院君の死んだのは、朝鮮のために一大不幸である」（「氷川清話」）

中国の丁汝昌は清国北洋艦隊司令長官で、威海衛海戦で敗北、降伏後自殺したが、勝は戦争中にもかかわらず敵将を心から追悼した。

今日の海軍は、何の役にも立たない、たゞ今後十年を期して、大成すべきのだが、今日あるのは、その時の基礎とするにも足らないと、常々われわれに言うて居る。拙者は、かつて貴著『海軍歴史』を読んで、君が幕末から王政維新の際にかけて、海軍を経営せられたる閲歴と偉勲とを承知し、拙者が今日の境遇にくらべて、うたゝ同情の感に耐へず、切《せつ》に敬慕致し居る」といつた。

丁のいふところは、その語は、甚《はなは》だ謙遜で、その望みは、甚だ遠大であるから、おれも感心して、海外に一知己を得たのを喜び、いろいろおれの考へをも話した。

おれと丁との間には、こんな関係があるものだから、今回の戦争始まりし以来、思ひは始終北洋艦隊の上に馳《は》せて、敵ながらも、その消息が気にかゝった。

またこのたびの聯合《れんごう》艦隊の司令官である伊東中将も、昔神戸でおれの塾にいた縁故から、一生一度ともいふべき晴れの舞台に上つたからは、どうか日本海軍の名誉と、一身《いっしん》の手柄とを立てさせたいとおもつて、おれの胸は、あちらを思ひ、こちらを思ひ、殆ど千々《ちぢ》に砕《くだ》けたヨ。

李鴻章は、下関における講話会議の清国全権大使であったが、海舟の評価は非常に高かったという。

またフィリピンのホーセ・ラモスは、独立革命の中心幹部の一人だったが、一八九四～五年（日清戦争と同時期）の武装蜂起に失敗して日本に亡命。日本人の夫人が魚売りや按摩で養ったという。日本人によるフィリピン人評価など明治期にあったであろうか。

比立賓《ふいりぴん》のホーセ・ラモスは、大きい人物だ。日本への亡命客中では一番の大物と思ふよ。一向豪傑連から騒がれもせず、黙々としてその運命に安んじてやつて行くところは感心な男サ。今はアギナルドからも送金が絶え、横浜で日本人の妻君《さいくん》と共稼をして居るソーだ。スペインでも亜米利加でも、ソンナ事はドーでもよい。東洋人の聯合で民族の向上を謀りたいと言つて居る。何分にも小さい弱い国に生れると損なモノサ。

ほかに朝鮮の朴泳孝と金玉均、中国人の孫文と陳白、康有為と梁啓超論におよぶ。孫文をのぞくといずれも明治期の海舟をたずね、会見し、誼《よしみ》を通じたアジア人たちである。明治日本の政治家、外交家で、敵対した朝鮮人、中国人の政治家とかくも会い信頼しあった人物がいたであろうか。海舟のアジア主義は、日朝中三国同盟論を核心として首尾一貫していることが、この人物論によく示されている。

朝鮮は日本の師匠様だった

〈朝鮮は昔お師匠様〉朝鮮といへば、半亡国だとか、貧弱国だとか軽蔑するけれども、おれは朝鮮も既に蘇生の時機が来て居ると思ふのだ。およそ全く死んでしまふと、また蘇生するといふ、一国の運命に関する生理法が世の中にある。朝鮮もこれまでは、実に死に瀕して居たのだから、これからきつと蘇生するだらうヨ。これが朝鮮に対するおれの診断だ。

しかし朝鮮を馬鹿にするのもたゞ近来の事だヨ。昔は、日本文明の種子は、みな朝鮮から輸入したのだからノー。特に土木事業などは、尽《ことごと》く朝鮮人に教はつたのだ。いつか山梨県のあるところから、石橋の記を作つてくれ、と頼まれたことがあつたが、その由来記の中に「白衣《びやくえ》の神人来りて云々」といふ句があつた。白衣で、そして髭《ひげ》があるなら、疑ひもなく朝鮮人だらうヨ。この橋の出来たのが、既に数百年前だといふから、数百年も前には、朝鮮人も日本人のお師匠様だったのサ。〔以上、明治二十七年四月、つまり日清戦争が始まる直前の時期の談話である〕

日露戦争と堺利彦の卓見

日露戦争は、一九〇四年(明治三七年)二月八日に日本軍の奇襲攻撃(二・一〇宣戦布告)で始まった。「日露戦争百年」(靖国神社遊就館)はいう。

日露戦争は、明治の先人達が国家存亡の危機をむかえて大国ロシアと戦ったものであり、この未曾有の国難に際し、国家、国民は明治天皇の御下に一丸となり戦った。戦地に赴いた将兵も銃後の国民も尽忠報告に燃え、私事をなげうって勇猛果敢に戦いぬいた。

一方、反戦闘争は全体からいえばごくわずかであるが、日清戦争の時よりはひろがった。〇三年十一月に創刊された週刊「平民新聞」(幸徳秋水、堺利彦ら)は開戦後の三・一三に「与露国社会党書」をのせ、帝国主義戦争反対の共同闘争をよびかけた。九月には、与謝野晶子が詩「君死に給うことなかれ」を発表した。戦争勃発一年前の明治三六・一・二九付で、堺利彦は「孟子を読む」を発表したが、日本帝国主義を「盗賊」と糾弾し、孟子の仁義王道をといた堂々たるものであった。

〈盗賊の主張〉日本の帝国主義者はいわく、朝鮮はわが勢力範囲なりと、しこうしてその心に思えらく、朝鮮はついにわが版図たるべしと。彼らはまたいわく、露をして満州を有せしむべからずと。しこうしてその心に思えらく、満州はついにわが手に収めざるべからずと。彼らはまたいわく、日本は東洋の盟主たるべき天職ありと、しこうしてその心に思えらく、日本はついに東洋の大部分を占領して大帝国を建つべしと。

「朝鮮はついにわが版図たるべし」「満州はついにわが手に収めざるべからず」と言うがごときはこれ盗賊のことなり、盗賊は一時覇業を行なうことあるべしといえども、決して真に盟主たることあたわざるなり。（中略）帝国主義者がその行為をジャスチファイ（是認）するの一本やりは、政治上および経済上における文明の扶植にあらずや。人の国を取ることは決して文明の扶植に必要なるものにあらず、人の国の自治を妨ぐることは決して文明の扶植に必要なるものにあらず。文明の扶植はすなわち孟子のいわゆる仁政を施すにあり。

東洋諸国が日本国民を慕うこと、もし邦人が大王を慕うがごとくならば、日本小なりといえども初めて真に東洋と盟主たるべきなり。日本もしその些々たる武力をもって自ら誇り、いたずらに攻伐をもって事とせば、これすなわち人を養うゆえんのもの（すなわち土地）のためにその人民を害するものにして、決して王道の仁政にあらざるなり。

以上、吾人は帝国主義の覇道に対して孟子の王道を聞き、その燦然たる光明に打たれて、ひとり密かに希望と安心とを得たるの感あり。（『堺利彦全集』第一巻〔明治三六・一二〕法律文化社）

右翼のアジア主義と左翼の国際主義

竹内好は「解説・アジア主義の展望」で右翼と左翼の対立について次のようにいった。

大正の半ばから昭和のはじめへかけて。右翼と左翼の対抗関係の中で、アジア主義は右翼が独占し、左翼はプロレタリア・インターナショナリズムをこれに対置させる布陣になる。そして左翼からは、民族問題をネックにして脱落者が続出する。その還帰する先が、多くはアジア主義であり、西郷である。(たとえば林房雄『転向記』)

対抗関係にあったプロレタリア・インターナショナリズムとアジア主義との間に橋をかけようとした特異な例外として、わずかに尾崎秀実がある。しかし彼は出現がおそく、その思想は孤独のままおわった。

アジア主義が右翼に独占されるようになるキッカケは、右翼と左翼が分離する時期に求めるべきだろう。その時期はたぶん明治末期であり、北一輝が平民社と黒竜会の間で動揺していた時期である。

問題の一部は、既に石母田正によって提出されている。日本の社会主義が黎明期においてすでにコスモポリタンの、直輸入型の傾向があったのではないか、というのが彼のいだいた疑問である(本書所収「幸徳秋水と中国」)。これは単に明治末期の社会主義思想だけの問題ではない。コミンテルン時代の問題でもあるし、コミュニストにとってなぜ民族問題がつまずきの石となったかの問題にもつながる。ナショナリズムのウルトラ化の問題でもあるし、また、アジア主義がなぜ黒竜会イデオロギイによって独占されるようになったかの問題にもつながる。

竹内は別のところで言う。「日本共産党に対する私の不満をつきつめていくと、それは結局、日本共産党が日本の革命を主題にしていない、ということに行きつくのではないかと思う」と。

唯一革命党と自称している党が、じつは革命を主題としていない、と批判したから私などもびっくりした。彼の日共批判はかなり的確であるが、一面労農派マルクス主義・社会党についてはほとんど研究検討されなかったのではなかったのか、と今にして思われる。

中国革命と中共の威信は、日本ではとくに大きくその関係もあって日共こそ（だけが）が日本革命の唯一党論が、その中身は別に圧倒的に受けいれられもした。

堺利彦は、明治社会主義者の若手の代表的一人であり、その輝く経歴と人柄もあって一九二二年に創立された日本共産党の中央執行委員長であった。（「日本共産党の七〇年」「党史年表」一九九四年）

だが彼は、コミンテルン（国際共産党、第三インターナショナル）路線と対立し、一九二七年に山川均、荒畑寒村らと「労農派マルクス主義」の旗をかかげて日共を離脱した。日共からは「階級的裏切り者」「人民の敵」としてはげしく糾弾されボリシェヴィキ（革命派）に非ざるメンシェヴィキ（反革命家）、「社民」とされた。堺は一九三三年（昭和八年）、六三歳で死去した。

堺の社会主義と儒教

平民新聞は初期に「予は如何にして社会主義者となりしか」を連載した。
幸徳秋水は、「孟子、欧州の革命史、中江兆民の論著、ヘンリージョーヂの「進歩と貧困」等の読書によって熱心な民主主義者となり、シヤレフの『社会主義神髄』を読むに及んで初めて社会主義者たる自覚を得たと記している」
堺利彦も「予の社会主義はその根柢において、やはり自由民権説であり、やはり儒教であると思う」といっている。（荒畑寒村「平民社時代」一九七三、中央公論社）
荒畑自身も同論文で安部磯雄、片山潜さらには同志の堺をもいれてであろうが、次のようにいった。

これらの指導者に共通の点は、キリスト教または儒教にもとづく道徳的もしくは人道主義的な観念であって、いわゆる済世救民の倫理観が労働者階級解放の社会主義理念と混同され、その間の矛盾には多く介意されていなかった。

これらの批判は当をえているであろう。西欧社会主義とくにマルクス主義の理解において、後年の日本マルクス主義に比べて、哲学も経済学も社会主義も未成熟であり、質的に低かったのは事実であろう。
だがその批判と共に、一方では東洋道徳としての儒教、仁義の王道論も「古い封建道徳」としてきれいさっぱりと水に流してしまったのであった。

ベトナム革命のホー・チ・ミンがくり返し説き最重視した一つの革命道徳は、仁・義・志・勇・廉であった。儒教左派のあり方と民族解放革命を一つの結合したのである。中共は劉少奇の「共産党の修養を論ず」が代表した様に、孔子・孟子とマルクス主義の結合を中国革命の思想とし道徳とした。

日本とくに日共、新左翼系にはそれに応じた革命道徳論はまったくない。政治指導者でそれを説いた人がいようか。社会党系は、堺の影響などがのこっていたのか、さきにみた白虎隊を社会道徳として鈴木茂三郎、浅沼稲次郎が高く評価している。

一九二二年綱領―モスクワと堺・山川

そして問題なのは、革命道徳がないことと、アジア主義がなくなったことが一対のことである。アジア主義と左翼の分離を、竹内は明治末期と推定したが、それは違うのではないのか。一九二二年の日共創立時の綱領（採択されずモスクワ製が正式綱領）は、コミンテルン作成のものとは、明確にちがう。

同年九月英文綱領は全体的に短く、(一) 経済、(二) 労働問題、(三) 農業問題、(四) 政治、(五) 軍国主義問題、(六) 朝鮮支那問題からなる簡潔のものである。

朝鮮支那問題［日本共産党］は云ふ迄もなく侵略主義に反対する。支那に対する干渉、満州蒙古に於ける勢力範囲、台湾の併有、悉く我々の反対する所である。殊に朝鮮の併合は最大の害悪である。故に我々は朝鮮人の独立運動を援助する。極東に於ける三大民族、支那、朝鮮、日本は経済上及び政治上に於ける其の密接の関係からして、是非とも相携へて革命の道を歩まねばならぬ。故に吾々はプロレタリヤの世界的団結の中に於て、殊に右三大民族中のプロレタリヤの団結を重視するものである。

だが「日本共産党綱領集」（六四年、日共中央委員会編著）では、日本共産党綱領草案（一九二二年綱領草案）となっていて、分量もずっと多い。

当面の要求は、○政治的分野における要求（前記にはない「君主制の廃止」や「労働者の武装」等がある）、○経済的分野における要求、○農業の分野における要求、○対外関係の分野における要求は、

一　あらゆる干渉企図の中止
二　朝鮮、中国、台湾、樺太からの軍隊の完全撤退
三　ソビエト・ロシアの承認

両案を比べてみると、とくにアジア関係は問題の発想がまるでちがう。朝鮮の植民地化から十年余をすぎているにもかかわらず、草案には「軍隊の完全撤退」とあるのみで、日本人民にとって「最大の害悪」という位置づけと「独立運動の支持」がない。

勝海舟のいった日朝支三国同盟の思想は片やまるでなく、前者は海舟構想の発展であった。モスクワ・ロシア人コミュニストには、アジア主義の視点はなく──おくれた野蕃なアジア、「文明国は日本のみ」論であり、一方は山川起草といわれるが英語の署名人は荒畑寒村、堺利彦である。(以上は「二十世紀日本の社会主義と第一次共産党」加藤哲郎（一橋大教授）月刊「社会主義」(社会主義協会）六四・二による。ほかにも近来の彼の新資料の発掘の意義は大きい）

日共創立に大きな影響力をもった堺、山川、荒畑とコミンテルンの日本革命論は、戦略構想とくに北東アジア三国同盟についで著しいへだたりがあったのである。

二七年綱領時にこの対立は決定的となり、モスクワ側はせめて山川の残留を望んだといわれるが、この三人は一体となって「労農派マルクス主義」とコミンテルンと訣別して別の無産党結成にむかった。

竹内好のいう、日本でアジア主義とインターナショナリズムが左翼の中で分離したのは、まさにこの時であった。

モスクワのアジア主義無理解は、儒教と東洋道徳も旧い封建制のなごりとして一切否定され、いご日共の綱領や諸決定には「革命の道徳」はまったく消えさり、理論、哲学から儒教は一掃された。

西洋覇道の番犬か、東洋王道の干城か

中国革命の父といわれた孫文が死ぬ四ヶ月前に、神戸で「大アジア主義について」を講演した。彼は西洋の覇道文明は武力でアジアを圧迫し、東洋の道徳、仁義を重んずる王道文明の二つの道をあげていう。

……勿論《もちろん》今日は我々も西洋文化を吸収しなくてはならぬ。西洋の文化を学ばなくてはならぬ。西洋の武力的文化を採り入れなければならないけれども、我々が西洋文化に学ぶというは決して之《これ》を以《もっ》て人に圧迫を加えるのでなく、我々は単に正当防衛のために使うのである。欧州の武力による文化に学んで非常に進んだのは即ち日本でありまして、今日日本の海軍力も陸軍力も、自国の人により自国の技術により、製造力により海軍を用い、又陸軍をも完全に運用し得たのである。……日本とトルコは、即ち亜細亜の一の防備であり、亜細亜の最も信頼すべき番兵である。……我々の称する大亜細亜問題（大アジア主義）というのは、即ち文化の問題でありまして、この仁義道徳を中心とする亜細亜文明の復興を図りまして、この文明の力を以て彼等のこの覇道を中心とする文化に抵抗するのである。

〔あなたがた日本民族は、欧米の覇道の文化を取り入れていると同時に、アジアの王道文化の本質ももっています。日本がこれからのち、世界の文化の前途に対して、いったい西洋の覇道の番犬となるのか、東洋の王道の干城《かんじょう》となるのか、あなたがた日本国民がよく考え、慎重に選ぶこと

にかかっているのです」

「……」部分は当時の新聞が意図的に削除した部分で今里禎訳と松本健一は「精読」の「削除された孫文「大アジア主義」の結語」でのべている。

「西洋覇道の番犬か」、「東洋王道の干城か」、孫文が自分と中国革命を支持してくれた人々、ひいては当時の日本人にせまったこの思想は、この時点ならまだ日本の進路修正は可能性はあったのである。

だが、この時孫文が電報をうって会うことをのぞんだ有力者の犬養毅（時の逓信大臣のち首相・暗殺された）、右翼の巨頭の頭山満、財界の渋沢栄一子爵らは、すでに覇道に深くかんでいた。とくに頭山は日露戦争を全面的に肯定し、その結果えた満鉄をはじめとした満蒙の特殊権益を擁護し、「対支二十一ヶ条要求」取り下げ等は日本国民の「大多数が承知しない」（頭山満）立場だったのである。

孫文と堺の共通性そして朝鮮

孫文の東洋道徳と仁義を重んずる王道論は、この二〇年前に日露戦争開始の一年前に「万朝報」にいた若き堺利彦が書いた先に紹介した「孟子に学ぶ」と根本的に共通する。孫文の王道的アジア主義は、社会主義者堺と基本的に一致し、その構想力が幻となった前記二二年日共綱領につながっていた。

だが堺ら社会主義者グループが、孫文との接触交流がなかったのはかえすがえすも残念であった。また孫文は偉大な革命家であり、日中（日ソと共に）連携を強くのぞんだが、朝鮮は視野の外だったらしい。

先の「日露戦争に勝利したことはアジア諸国に独立の希望をもたらした」というが、アジア諸国一般にはそうであろうが、隣国朝鮮はまったくちがう。自ら欲せざるのに自国領土が日本軍の占領地、基地となり戦後はいま問題の竹島を外交権を奪われる中で一方的に占領され、さらに一九一〇年の日韓併合なる完全植民地とされて以後「日帝三六年間の支配」となっていった「怨の日露戦争」であったのである。

この点は、孫文よりも、堺、山川、荒畑らの方が正しかったのであった。

日朝中三国同盟と日清戦争

勝海舟の日朝中三国同盟論は、明治維新革命を通じて卓見であり、おそらく当時のアジアの中で先駆的な戦略構想であったろう。彼は儒教・陽明学にも通じていたから、日朝間の政治・道徳の共通性と一体での軍事・海軍創立であった。

この日朝中三国同盟がすすんでいたら、日清戦争はおこらなかったであろう。伊藤・山県らは「朝鮮は日本の生命線」戦略をとり、日清戦争を朝鮮領土で行ったが、下関講和条約の第一は「清国が朝鮮の独立を承認すること」（第二は遼東半島、台湾、澎湖列島の割譲、第三は約三億円の賠償金）であったが、猪木正道の指摘したようにその実体は「日本の朝鮮半島支配への前提条件」つまり植民地化への大きな一歩なのであった。

日清戦争は、日本の方は満を持して開戦したんだといえます。清国の方はそうではなかった。日本は挙国一致体制ができていた。清国は、国内の分裂がますます激しくなっている時期だった。そんな清国と日本はぶつかる。そして、勝ってしまう。

結局、日清戦争は勝ったが、日本はかつて佐久間象山が言った「東洋の道徳、西洋の芸」というスローガンの「東洋の道徳」の部分を見失ってしまった。むろん、このことは、もっと早い時期からのことですが。やはり、西郷隆盛の死が「東洋の道徳」の終焉《しゅうえん》であったかもしれません。明治十年（一八七七）の西南戦争です。

後はひたすら道徳も西洋、学問も西洋、むろん技術も西洋ということです。明治の文明開化は、すごいものでした。（奈良本辰也・陳舜臣―歴史対談「日本と中国」徳間書店）

小さな島国日本は、アジア国家の中で始めて植民地を領有し「帝国」になり、欧米帝国主義の後を急追する覇道のアジア主義化の路線軌道にのったのである。それは帝国的領土と威信を増大させたが、失った「政治と道徳」はより大きかったのである。

日本帝国は「朝鮮は日本の生命線」の現実化に入り、朝鮮はいご五〇年間日本の「踏台」とされた。そして、二〇〇五年のいま、靖国神社、教科書、竹島等で新たな対立を激化させている。

司馬遼太郎の朝鮮史観

百年間たっても植民地化をめぐる歴史認識は部厚い壁として対立したままである。日本私のみるところこの対立の根柢には、日清戦争、日露戦争観が根本的にちがうことがある。日本の小泉政権はまさに靖国史観そのものである。「偉大な日露戦争」には、民主党の鳩山由起夫元代表や羽田元首相も中曽根元首相らと同じで、自民党議員と共に百年を祝って靖国参拝を行った。

日本は海舟がいったように「朝鮮は長い間、日本のお師匠」であった。仏教、儒教も土木建築も陶器美術品も農業、漁労や冶金・工具等々もそうである。

徳川時代に十三回あった通信史に対しても最大級のもてなしをした。進んだ文化に学ぶためであった。

司馬遼太郎の小説については、様々の評価がある。がその彼と朝鮮史観については、沈寿官（島津義弘が豊臣侵略軍に従軍したときに拉致連行した名陶作者の子孫。「故郷忘じがたく候」のモデル）は「司馬を尊敬し、大変に傾倒」している、と鮮千輝（「朝鮮日報」論説顧問、池明観の友人）は評価している（「日韓理解への道」中公文庫）。

その司馬は同書の「私的断片史」でいう。

この地上に、とくに（無定義な意味での）優秀な民族など、存在しようはずがない。もし自民族がそうだと思っているひとがあるとすれば、人類文明のなかでの最後の迷信にとりつかれているひとである。

巨大な文明を生んだ「漢民族」にしても、右のような意味からすれば、中国内陸部がそれを生むべき自然地理的・人文地理的な条件をもっていたからにすぎない。そこはまず広大な農業の適地で、多様な文化をもつ多数の人間を養うことができ、その条件が普遍文明を生んだのである。この評価に私は賛成である。

英仏帝国によって勝手に五つに分断されたクルド人は「亡国の民族」として欧米人やフセインらから見下げられてきたが、私はドイツやスウェーデンで身近に接し、二ヶ月余の日常生活を共にしてそのことを実感した。司馬は、モンゴル、中国と共に、韓国、朝鮮人に対してもその仏教や儒教に精通し朝鮮文化の評価も高い上でいう。

韓国は、高麗朝の末期に倭寇の害をうけつづけ、李朝の中期においては、朝鮮史にいうところの「壬辰倭乱《じんしんわらん》」（豊臣秀吉の朝鮮侵略）をうけた。日本の地域名を「倭」とよびたい感情の伝統は当然ある。また、言語として「日本」という語感は、朝鮮史にあっては、近・現代的な響きがつよいであろう。さらに朝鮮近代史におけるその響きは、地域名よりも国家呼称であることがつよいにちがいない。その国家呼称によって、一九一〇年の日韓併合がおこなわれた。数千年、政治的・民族的・文化的に独立しつづけてきた世界でもめずらしい国家を、アジアの近代の開幕の混乱につけ入って「日本」は日本という国名によって侵したのである。私は、日本は地域名でもあると思っている。しかし韓国にあっては、言語的な伝統感情としてなじみにくいにちがいない。

松下幸之助——植民地同化論と労資一体論

だが、明治いらい日本の支配層とその影響をうけてかなりの日本人は、朝鮮人を「劣等人」として著しく差別・軽蔑視してきた。

松下幸之助は「経営の神様」といわれたが、晩年は政治への道（新党とその挫折）をへて私財を投じて政経塾をつくり、いまや衆参三〇人近い自民・民主を貫くその出身者グループを形成した。さらに、文化、精神、道徳論を説き、単なる「商売人」「金もうけのうまい人」ではないことを示そうとした。創設したＰＨＰとその書籍も瀬島龍三や岡崎久彦らを多くつかっている。その松下がいう。——どういうわけか韓国はぬかしている。

たとえば日本は、日清戦争の勝利により台湾を、また日露戦争の結果樺太《からふと》（サハリン）の南半分を領有することになりました。つまり、海外の植民地を手に入れたわけです。ところが日本は、そうしたところに対して、列強が自国の植民地に対してとったような政策はとりませんでした。併合した地域の人びとを同じ日本の国民と考え、同化主義に立って日本国民としての教育をしたわけです。

列強の場合、植民地というものをいわば何かを手に入れるための土地と考え、そこでとれる金や銀、あるいは香料などの資源を本国に持ち帰るという傾向があったといわれます。さらに一部では、その土地の人びとを奴隷として売買するようなことまで行なわれていたのです。また、何百年もの間統治していながら、その間植民地の人びとに対して教化教育ということをほとんど行なわなかったようです。ですから、そうした旧植民地の国の中には、今日でもなお国民の多くが文盲であるというところも少なくないということです。

そのような姿にくらべると、日本の場合はかなりちがうと思います。日本は植民地から何かを手に入れるというよりも、ともどもに大同団結して、平等観に立って事を進めたわけです。部分的にはそうでない場合もあったでしょうが、大きくみれば、同一民族として事を進め同じように教化してきたのではないかと思います。ですから、植民地そのものの是非はともかくとして、かつての日本の植民地だったところは、今日文盲も少なく、アジアの中でも日本につぐような発展をとげています。長い歴史を通じて、和を貴び調和を重んじてきた日本のよき伝統が、ここでもその姿をあらわして、併合した地域を日本と一体化したのでしょう。（「人間を考える」第二巻「日本の伝統精神―日本と日本人について」PHP研究所）

まさに大東亜戦争と同宣言そっくりの思想の復活であり、靖国神社が随喜の涙すようなアジア解放史ではないか。松下教の数十万信者はこれを信じたのであろうか。この松下教祖に同労組福間委員長（社会党、参議院議員を長くつとめた）らは百％信任したようだ。その労資協調はさらに労資一体へと発展し、当時のＪＣイデオロギーをリードした。

この労資一体関係と海外植民地史観は一対なのであり、この当時電機、繊維等の単純労働型産業は、アジア・第三世界に世界発展を強めはじめた日本資本の多国籍企業化に不可欠の「経済帝国主義」（東南アジア諸国の活動家の多くはそういっていた）の思想の弾丸の役割を果たしたのであった。松下のいう日本植民地に対する同化主義を、韓国・朝鮮人、満州・中国人に聞いてみよ！

朝鮮人から氏名を奪った創氏改姓、靖国神社を神道・護国神社として強制した宗教「同化」、朝鮮米、ベトナム米を強制的に軍と本土に運び、何百万人を栄養失調から餓死（ベトナムは二〇〇万人）させた食糧強奪、その数十万におよんだ強制連行、拉致者とおびただしい死亡者は、おそらく厚労省等は分っているであろうが、その総数は出さず、二〇〇五年のいまさえかつての日本企業での死者を小出しにする不誠実さ……。

これらの侵略行為の数々を日本は率直に認め、反省の行動で示さない限り、村山談話だけを何回もくり返し「謝罪はすんだ」といっても、韓国や中国は決して許さないのは当然である。

韓国の文化へゲモニー

二十一世紀に入って、日韓中の三国連合と結束に最も力をいれているのは韓国である。金大中大統領は、北東アジア三国の歴史をふまえて政治経済、文化の連合構想をねり、政治第一にすべきだが、現状では不可能だから、まず文化からはじめようということで、戦後長くタブーだった日本文化の受入れを始めた。

昨年来爆発的人気となった「韓流ブーム」は、日本ではなく韓国のへゲモニーによって実現したのである。

いまのブームは「ヨンさま」現象などで主婦層に強いが、日韓政治は厚い氷にとざされている。その最大の壁こそが、靖国神社と教科書（と竹島）つまり明治の征韓論に始まり、「日帝三六年間の植民地支配」と戦後史を貫く歴史の評価である。

ふりかえってみて、日本の朝鮮侵略は、砲艦外交を実行した江華島占領（一八七五）いらい、大多数の日本国民もその渦中に入ったが、とくに「征韓論」を実行主導したのは大久保政権（大久保・黒田）に始まるが、長州派が主流であった。

吉田松陰—木戸孝允—伊藤博文—山県有朋とその軍人系譜であり、昭和期は岸信介が「満州国づくり」と共に覇道アジア主義の代表であり、いまその孫・安倍晋三が「祖父に右へ習へ」と右派の突出代表である。安倍は、靖国、教科書、竹島、そして北朝鮮拉致問題等で小泉を右から支えさらに前に出ようとする尖兵である。

日韓連帯へのわれわれの対案戦略

私達反戦平和・改憲阻止を願う者は、ただ反対を叫んでいてもダメである。A級戦犯は中国、韓国人の問題のみではなく、それを許してきた日本人の責任こそ第一である。

吾らとくに「死に損なった」戦中派の一人だった私（達）は、何に反対し何を妥協してはならないのか、批判糾弾すると共に、対案対抗戦略とその構想力をまず共有しなければならない。

朝鮮半島が平和、安定した時は東北アジアは同じく平和安定してきたといわれる。日本にとって韓国・朝鮮は、最大の試金石であり大課題である。勝海舟の三国同盟も「まず日朝の団結」があった。

今日の北東アジア三国同盟（地理的に近いフィリピン、ベトナムは、いまの東アジア共同体—東南アジア十二ヶ国と東北アジア三国—の「中間地帯」であるが）は、まず隣国韓国・朝鮮との上からも下からもの連合、団結をとくに日本側こそ問われている。

池明観の市民連帯、姜尚中の「北東アジア共同の家」はその叩き台であり、日本のいくつかの労組、団体による連帯具体化はより強め広げる時である。そのためには、「征韓論」の原点、元凶とされてきた「西郷隆盛」（以下「南州」とも呼ぶ）評価をさけて通れない。

竹内好の「アジア主義の展望」の最後もそうであり、彼の結論は「西郷の二重性」であった。

【3】西郷隆盛と王道のアジア主義——西郷は征韓論に非ず

命も名も位も金も要らず

命も要らず、名も要らず、位も要らず、金も要らず、という人こそもっとも扱いにくい人である。だが、このような人こそ、人生の困難を共にすることのできる人物である。またこのような人こそ、国家に偉大な貢献をすることのできる人物である。有名な南洲遺訓の一句である。

私は「人生二〇年」と決意した戦中の軍国少年だった時も、戦後十九歳で「民主革命こそわが命」と飛躍して革命青年となり、いらい五八年間闘いつづけ、節を貫いた人生も尾崎秀実と共に、この生き方を志とし己の鑑としたからであった。

私は現存革命家では、キューバ革命のフィデル・カストロをもっとも尊敬する。田中三郎、宮本信生という元キューバ大使のカストロ伝をよむと、南洲と共通しているなと強く共感してきた。革命後四五年をへても特権階級をつくらず、革命に立ち上がった精神を、カストロは持ちつづけているのである。ホー・チ・ミンや周恩来、彭徳懐らにもそれを感じたが。これらの英傑はみな特権と特権階級の存在を許さなかった。

人民史観・井上清の失敗作

維新革命は戊辰戦争なくしてありえず、その最高政治軍事指導者が南洲であった。

彼の「敬天愛人」の思想が実践で示されたのが、勝海舟との人間的信頼関係による江戸城無血開城であり、庄内藩への対応—山県らの会津攻撃と全く異質の—であった。

井上清「西郷隆盛」上・下（中公新書）は失敗作である。本書の執筆が日本の全共闘運動のピーク時であり、これが中国文化大革命が重なったせいか、毛沢東の「政権は鉄砲から生れる」を単純に信奉したせいか、江戸城の無血開城に対する井上の評価はきわめて低い。

また彼は儒教・陽明学を封建思想・宗教視していたとみえて、「仁政」と「志士仁人」は、プロレタリア革命家より一段低い扱いである。さきにみたようにコミンテルン・日共系は徳田・野坂・志賀も次の宮本ら党指導部みな同じであり、学者文化人の多くもそうであった。

奈良本辰也、高野澄や海舟や横井小楠研究を通じて歴史学で海舟論をかえた松浦玲らは少数異端派であった。日共—講座派マルクス主義系は、維新革命とは認めなかったが、それはイギリスとくにフランスやロシア二月革命の西欧史観が基準だったからであろう。

中国の革新運動が明治維新に触発されたものであることは孫文も認めているし、孫文の後継者である毛沢東も認めている。毛沢東が青年時代を過した湖南省長沙は、いちばん日本熱が高かったところで、一時は「小日本」と呼ばれていたほどである。

明治維新のことを、日本では革命と呼ばない。いや、まったく呼ばないわけではなくて、明治時代には革命と呼ぶ人がかなりいた。それを革命と呼ばない人でも、他人が革命と呼ぶことをあやしんだり、非難したりはしなかった。統治者が入れかわり、封建制が廃止されて統一国家がうまれたのだから、この大変革は、あきらかに政治革命である。ほぼ五十年後におこった中国の辛亥革命にくらべても、実質の上でそれほどの懸隔はない。それであるのに、明治維新は、王政復古とか、せいぜい維新と呼ばれて、革命と呼ばれない習慣がだんだんに固定した。大正以後では、右翼思想化の一部（北一輝など）だけしか革命と呼ばないようになった。（竹内好、「日本・中国・革命」講座、「革命と伝統」竹内好、野村浩一編、筑摩書房）

革命のイメージについて中国では「善なるもの、歴史に対する合法則的なもの」「自分と内的関連をもった、日常性と切りはなせないものだ」というのに対し、日本人は「恐怖と憧憬の両極に分裂しがち」と竹内はとらえている。

明治維新は、明治三年の廃藩置県や士農工商身分制の廃止、国民皆兵制等みても、まさに社会革命そのものであり、戊辰戦争を通じて幕府権力の打倒と権力移行をかちとった政治革命と一体であった。ただし、二五〇年余も続いた強大な徳川幕府権力を倒すための「手段」として「タマ（天皇＝玉座）をどちらが担ぐか」というレベルで、王政復古が決められたのであった。誕生した権力が天皇制の権威で飾られるという受動性のため、フランスやロシア型のブルジョア民主主義革命とは違うのである。

井上清の「仁政」「志士仁人」の低い評価も、日共系マルクス主義、新左翼系の特徴である。

「代表的日本人」と西郷の役割

内村鑑三の名著「代表的日本人」は、（一）西郷隆盛——新日本の創設者　（二）上杉鷹山——封建領主　（三）二宮尊徳——農民聖者　（四）中江藤樹——村の先生　（五）日蓮上人——仏僧　からなる。

一八八四年、一九〇八年、一九二一年に出版され、十年前の九五年版は〇四年で二〇刷を重ねている。フランスのクレマンソー首相はこの本をよみ、健康さえ許すならば日本に行き内村と話したい（一九二五年の内村日記）といったという。

明治維新革命は、欧米帝国主義国に支配されたアジアで植民地支配をうち破った「アジアの目覚め」第一波の革命であった。第二波はそれから四十余年後の一九一一年、孫文らの辛亥革命である。

内村は「維新革命における役割」で、西郷についていう。

維新革命における西郷の役割を十分に記そうとすれば、革命の全史を記すことになります。ある意味で一八六八年の日本の維新革命は、西郷の革命であったと称してよいと思われます。もちろん、だれも一人で一国を改造することは出来ません。「新日本」を西郷の日本であるなどと言うつもりはありません。それは、その事業にたずさわった大勢の立派な人達を、間違いなく無視することになります。たしかに西郷の同志には、多くの点で西郷にまさる人物がいました。……それにもかかわらず、西郷なくして革命が可能であったかとなると疑問であります。（内村）

維新革命によって一呼吸おいたのち、人々の強い要望をになって西郷政権が成立する。が、ナンバー1になっても、彼は一切の特権を自ら否定した。こういう革命家は稀である。

万民の上に位する者は、わが身を慎み品行を正しくし、驕《おご》りをいましめて節倹に勉《つと》め、自分の職務に励んで人民の手本となり、人民がその仕事ぶりの苦しさを気の毒に思うようでなければ政治が行きとどかないものだ。

新しい政治ははじまったばかりである。それなのに、万民の上に立つ者が立派な家に住み、きれいな衣服を着、美しい女を側《そば》におき私財をふやそうとしているようでは維新の大理想は実現できない。

いまのような状況では、戊辰《ぼしん》の義戦が、まるで私事のために行なわれたとしかいいようのない結果になており、天下に対し、戦死者に対して面目が立たぬ。

翁はこのようにいわれ、しきりに涙されるのであった。（南洲遺訓）

「西郷首相」の衣食住

まず、西郷ほど生活上の欲望のなかった人は、他にいないように思われます。日本の陸軍大将、近衛都督、閣僚のなかでの最有力者でありながら、西郷の外見は、ごく普通の兵士と変わりませんでした。西郷の月収が数百円であったころ、必要とする分は一五円で足り、残りは困っている友人ならだれにでも与えられました。東京の番町の住居はみすぼらしい建物で、一ヵ月の家賃は三円であったのです。

その普段着は薩摩がすりで、幅広の木綿帯、足には大きな下駄を履くだけでした。この身なりのままで西郷は、宮中の晩餐会であれ、どこへでも常に現れました。食べ物は、自分の前に出されたものなら何でも食べました。あるとき、一人の客が西郷の家を訪ねると、西郷が数人の兵士や従者たちと、大きな手桶をかこんで、容器のなかに冷やしてあるそばを食べているところでありました。自分も純真な大きな子供である西郷は、若者たちと食べることが、お気に入りの宴会であったのです。西郷は、身の回りのことに無関心なら、財産にも無関心でありました。（内村）

歴史と時代が人をつくり、人が時代をつくり新たな歴史をきり開く。

維新革命や戦後民主革命を調べ学ぶ中で、特に感じたことの一つは、指導者とその歴史、人物論であり、人と人との信頼関係が歴史を切り開くことである。その最大の例が南洲と海舟の一回の出会いを通じてお互いに相手を見抜いた眼力である。人物鑑識眼は書物を読むだけでは養成されない。修羅場の実践体験、運動と人生の辛酸をへる中で養われる。その人の仁・勇・知がためされる。もちろん大学者はその蓄積によって他の学問的業績を評価できるし、芸術家も科学・技術者もそうである。

ただ政治や運動ではとくにその人の言葉のみでなく、いかなる行動、生活、実践をしているのか、その全体をみないと真実は分らない。

西郷は島津久光にきらわれて、一回目は奄美大島へ（一八五八・十二月〜六二年二月）、二回目はさらに遠い沖永良部島へ島流しされた（六二年六月〜六四年二月）。合計四年八ヶ月間も「処分」され、とくに後者の牢獄はこのまま「死ね」という扱いだったという。

だが西郷はこの追放牢獄生活の辛酸の中で、陽明学を「学者になれる」くらい学び、孫子・軍事論を身につけ、人間修養をつみ、人間が飛躍する。大島にすんだ作家島尾敏雄が最もくわしいが、井上清、尾崎秀樹、橋川文三らも、島の風土と人情に接し、西郷が植民地奄美の砂糖収奪のすさまじさの中で生活して、彼の仁政観の礎ができたと指摘している。

そして橋川は、西郷が島で何を感じたか、そこで受けた影響について、本気になって書いた人がいない、それがあれば後の西郷論は変わったと指摘している。（「西郷隆盛と南の島々——島尾敏雄氏との対話」、「西郷隆盛紀行」、朝日新聞社）

「ひどく惚れこんでおります」

六三年のイギリス艦隊と薩摩藩との砲戦（薩英戦争）をへて半年、「西郷なくして」との声の高まりで、西郷は放免された。その半年後の六四年九月、西郷は勝海舟とはじめて会見した。海舟はこの四年前に咸臨丸艦長として太平洋をこえて米国に航海、翌六一年には海軍所を兵庫、対馬に設け、その一を朝鮮に置き、ついに支那に及ぼし、三国合従の策を建白する。そして土洲の士坂本龍馬ほか九名が門下に入る。（「海舟年譜」）

維新革命の戦略同盟をつくった薩長同盟は、龍馬のオルグ力によって成立した。龍馬は一八六三年三月に姉乙女にあてた手紙で「今にては日本第一の人物、勝麟太郎殿という人にでしになり……」とつづっている。

六四年五月、海舟は、軍艦奉行、神戸海軍操練所頭取と幕閣中枢に上りはじめたその九月に西郷とはじめて会い「国事を談ず」。

海舟にあった西郷は何時間話したのか記録にはないが、彼は当今第一の英傑にすっかり「惚れこみ」信頼した。

島津斉彬につぐ第二の師である。

勝氏にはじめて面会したわけですが、実に驚くべき人物です。はじめ私は打ち叩《たた》いてしまおうというぐらいのつもりで行ったのですが、まったく頭が下がってしまいました。どれほど智略のあるやも知れぬと思いました。まずは英雄肌の人間、仕事のできる点でいえば佐久間象山よりは一層上位にくるだろうと思われます。学問と見識の点では佐久間が抜群です。しかし現在の時点ではこの勝先生だと、ひどく惚れこんでおります。大阪湾に外国勢が乗りこんで来た場合に立つべき策についても尋ねてみましたが、如何にも賢明な策を持っているのです。それは以下の通り。現在、外国勢は幕府の役人を軽蔑《けいべつ》しているから、彼らを相手にする談判ではとても承知しないにきまっている。どうしてもいまは、明賢の諸侯四、五人が会盟し、外国軍艦を打ち払うことのできる兵力を整えたうえで横浜と長崎の二港は開港する。大阪開港の要求に対しては、はっきりした筋を立てて、きちんと条約を結ぶようにすれば皇国の恥にもならず、彼らもそのほうが条理において納得するであろう。このようにすれば天下の大政も立ち、国の基本も定まってくるのだ、という主張でした。私もまったく感服したわけです。（高野澄「西郷隆盛」徳間文庫）

天下に恐ろしい二人

勝は西郷の兵庫開港延期についての質問に答え、さらに幕府の腐敗しきった現状をさらけだしていった。

それから彼の問ふに任せて、おれは幕府今日の事情をいつさい談じて聞かせた。彼がいふには「とかく幕府は薩摩を悪《にく》んで、漫《みだ》りに猜疑《さいぎ》の眼をもつて、禍心を包蔵するやうに思ふには困る」

といふから、おれは、『それは幕府のつまらない小役人どもの事だ。幕府にも人物があらうから、そんな事は打ちやツて措《お》きたまへ。かやうの事に懸念《けねん》したり、憤激したりするのは、貴藩のために決してよくない』といツたら、彼も承知したといツたツケ。

坂本龍馬が、かつておれに、先生しばしば西郷の人物を賞せられるから、拙者も行つて会ツて来るにより添書をくれといツたから、早速書いてやつたが、その後、坂本が薩摩からかへつて来て言ふには、成程西郷といふ奴は、わからぬ奴だ。少しく叩けば少しく響き、大きく叩けば大きく響く。もし馬鹿なら大きな馬鹿で、利口なら大きな利口だらうといつたが、坂本もなかなか鑑識のある奴だヨ。西郷に及ぶことの出来ないのは、その大胆識と大誠意とにあるのだ。（氷川清話）

そして有名な「天下で恐ろしい二人」となる。

おれは、今までに天下で恐ろしいものを二人見た。それは、横井小楠と西郷南洲とだ。

横井は、西洋の事も別に沢山《たくさん》は知らず、おれが教へてやつたくらゐだが、その思想の高調子な事は、おれなどは、とても梯子《はしご》を掛けても、及ばぬと思つた事がしばしばあつたヨ。おれはひそかに思つたのサ。横井は、自分に仕事をする人ではないけれど、もし横井の言を用ゐる人が世の中にあつたら、それこそ由々しき大事だと思つたのサ。

その後、西郷と面会したら、その意見や議論は、むしろおれの方が優《まさ》るほどだツたけれども、いはゆる天下の大事を負担するものは、果して西郷ではあるまいかと、またひそかに恐れたよ。

（同）

戊辰戦争の最大争点は、徳川慶喜将軍の切腹と徳川家とりつぶし、そのための江戸城総攻撃であった。勝は西郷の大誠意と大胆識のただ一点を信用し、総攻撃前の二日間に二回の短い会談で懸案を一挙に解決した。

韓国で最大の実力者だった大院君は、勝を「東海の英雄」といい、「朝廷には誠忠をもってつかえ、徳川氏の宗廟を絶たないやうに処置した功績は、千載不朽だ」と高く評価した。勝は大院君を「一世の偉人」としていた。

西郷は「征韓論の巨頭」か

日本の内閣制度においては、一八八五年（明治十七年）確立後、一九四五年に大日本帝国が亡ぶまでの六〇年間に四三内閣が続いた。伊藤、桂ら複数回の首相経験者を考慮すれば首相実数は三〇人、そのうち軍人が十五人（陸軍九、海軍六）であった。軍人出身首相たちの任期は約半分の二九年三ヶ月に及んだ。文官もかっての武士出身者が多くしめた。彼等の多くは、内にあっては富国強兵と軍事大国化、反権力反体制派の徹底弾圧をし、外に向っては覇道帝国主義の道を歩んだ。

首相人物論はかなりでているが、「仁政」において「志士仁人」ぶりと人間の器量において、西郷に匹敵するものは皆無である。戦前だけでなく戦後もそうである。だが西郷評価はむずかしい、というのがアジア主義者竹内好の結論であった。それは西郷のものとされる「征韓論」にある。明治いらい、西郷は「征韓論の巨頭」とされてきた。戦争中は右翼中心にとくにそうであり、戦後は全盛だった頃の日共とマルクス主義史観がそうであった。井上清はその代表格の一人でもある。哲学者・古在由重のように「西郷が好きだった」と正直に語った共産党員はごくわずかである。西郷は「征韓論の巨頭」か。私は三〇年以上前からいろいろ調べた。最初の拙著「右翼『労戦統一』反対」（柘植書房）でも、私は西郷＝征韓論の立場をとらなかった。西郷を「征韓論の巨頭」とする社会的通念に対して、異議をとなえた秀れた研究者は、韓国人では安宇植であり、日本では毛利敏彦「明治六年政変の研究」（有斐閣）である。橋川文三もこれに近く、別格として晩年の勝海舟がいる。

安宇植——日本人の西郷論をこえたもの

安宇植《アンウシク》一九三一年生れ。早大ロシア文学学科中退。ストックホルム大東洋語研究博士。韓国明知大学客員教授、桜美林大名誉教授。「天皇制と朝鮮人」など著書多数。

橋川文三は自身の西郷征韓論で大きな転機となったものとして「日本の近代化と西郷隆盛の思想——安宇植との対談」をあげ、彼の「西郷隆盛紀行」（朝日新聞社）の最後で、「毛利敏彦『明治六年政変』にふれて」をあわせて紹介している。

維新革命直後から侵略された側の韓国の研究者による、日本と朝鮮との政治史・思想史を比較し掘下げた研究者は、ヨーロッパ研究者に比べてきわめて少かったと安はいう。日本側もそうである。その安の西郷論は大いに説得力をもつ。安と橋川の対談となっている。関連する部分を抜粋しよう。

〔安〕征韓論については私も子供の頃からいろいろと話に聞いていましたし、ものの本などを通じて知識としては承知していました。それが、朝鮮側の近代史の文献にいろいろと接するようになって、実際に問題意識をもって西郷像というものを考えるようになったのです。そしてまず感じたのは、どうやら食わず嫌いで西郷を征韓論者ときめつけてきたということですね。実際に征韓をやってのけたのは西郷さんと対立した大久保利通ですね。ところが朝鮮、これは韓国をふくめての歴史書はどれをとってみても、西郷即征韓論者ということで片付けられている。在日朝鮮人の学者や研究者の場合も、ほぼこれと軌を一にしているようです。だから、生ける西郷さんが何を感じ、どういう思想をもっていたのかというところまで、一歩踏み込んだ上で征韓論者と決めつけているわけではありませんね。

江華島条約というのは大久保利通はじめ西郷遣韓使節反対派が、西郷さんの下野から三年後に軍艦を遣韓させて取りつけたものですから、朝鮮人にとって征韓論者というのは実質的に大久保ということになるはずですが、朝鮮側には西郷さんこそは悪名高い征韓論者ということになっている。

〔安〕薩摩藩の文献をいくつか読んでみますと、政策的な面があったことは否めませんが、焼物や樟脳を作る朝鮮人を優遇しただけでなく、地元の人がこれに暴行を加えたりしますと、暴行を加えた地元の日本人のほうがかえって処罰される、そんな事実が記録されているんですね。だから差別されたとか民族的抑圧があったとかいう図式的な理解では割り切れないものが残るわけです。いわんや『故郷忘じ難く候』というのはね。あれは明らかに現代的な解釈というほかはないでしょう。日本姓を名乗るようになり、差別や「民族的抑圧」が生まれるのは明治以後のことではなかったでしょうか。西郷さんはそういう薩摩藩の雰囲気の中で精神形成をおこなっているわけでして、そのうえ南島流罪の過程で民衆と触れ合いながらさらに人間形成がなされていく。となると、そうした藩の雰囲気なども彼の思想になにがしかの影響をおよぼしたと考えるのが自然ではないでしょうか。

征韓論と同盟論の系譜

〔安〕西郷さん即征韓論者説の根拠が、具体的な資料としては板垣退助宛の書間だけという点から判断して、全体としては遺韓大使実現のための政治的な一つのレトリックではなかったかと考えています。いろいろと読んできた範囲でいえば、政治生命におけるそれまでの西郷の行動様式は、板垣の書簡にある征韓論でさえレトリックであった可能性を十分にしめしているように思えるのです。

……そのあたりの事情は、勝海舟の日記などを読んでも割合に感じられます。対馬藩が仲介する形で、日本と朝鮮の言い分が双方に十分に通じないまま、被害者意識だけがどちらにもはね返るということだったのでしょう。ところが、廃藩置県によって対馬藩の窓口は中央政府に移されていく。そうなるといよいよ意思の疎通は困難になっていきますね。

〔橋川〕征韓論の系譜でいうと、佐藤信淵とか吉田松陰とか、それから木戸孝允や大村益次郎などにつながりますけれども、そういう風に見てくると、日本では武士階級が強いわけで、それが世論を形成していくんですね。そういう世論形成というのは民衆が抜けている。ですから、朝鮮についての感じ方も、民衆レベルではちょっと違うと思う。

〔安〕吉田松陰や佐藤信淵のそういう考えがある一方で、勝海舟や横井小楠が清国、朝鮮、日本との連帯を強化すべしという立派な思想を持ち得ているわけですから、勿論、松陰以来の征韓思想を日本の民衆全体の考えを代表したものと見るのは誤りでしょう。日本の国内事情によると申しましたのも、その点を考えてのことです。

征韓論の「先駆者」木戸孝允と長州派

征韓論の系譜はむしろ長州派にある。江華島侵略をひきおこしたのは大久保政権・黒田清隆らであった。長州の征韓論の背景には、地理的条件で朝鮮にごく近いことがあったろう。また、長州は朝鮮との中間にある対馬藩と多くの姻戚関係を結んでおり、朝鮮情報に通じていた。また、松陰の思想的影響下にあり明治維新の長洲代表三傑の一人といわれた木戸孝允（桂小五郎）の朝鮮に対する問題提起はもっとも早かった。

木戸が、朝鮮問題に熱心になったのは、樋口大修大差使（註・対馬藩が朝鮮政府に任命した）が出発したのとほぼ同時期、明治元年（一八六八年）一二月であった。かれは同月一四日の日記に、岩倉の質問にたいし、「速に天下の方向を一定し、使節を朝鮮に遣し、彼無礼を問ひ、彼若不服ときは、鳴罪攻撃其土、大に神州之威を伸張せんことを願う」、そうすれば「天下の陋習忽一変して、遠く海外へ目的を定め、随て百芸器械等真に実事に相進み、各内部を窺ひ、人の短を誹り人の罪を責、各自不顧省之悪弊、一洗に至る、必国地大益不可言ものあらん」、とこたえたと記した。これこそ、征韓論の発端である。

……木戸において一方的な釜山の武力開港強要に具体化され、しかも大村あて書簡によれば、もし一たん開戦すれば、無理に急がず、毎年の歳入（軍事費）に応じて、「一地歩を占め候上は得と後来掠了を立、其力之可続ものを以、無倦怠尽力仕候ときは、必両三年を不出して、天地大一変」と、釜山を足がかりにして逐次占領（掠了）を拡大すべしという露骨な侵略の主張になっている。

……木戸の議論は、朝鮮を口実とする対内的政略論であったが、政府内外のかれの名声からみて、その影響は大きかったと思われる。かれは、かなり強引なかたちではあったが、征韓を「宇内の条理」とむすびつけて一種の「国民」的課題として提起した。それは、朝鮮の態度如何にかかわらず日本は朝鮮半島に「権利」を有するという思想に通じるものであった。しかも、かれは、釜山という具体的目標を提起した。抽象的な「名分」「膺懲」論は、ここにおいて実践的な侵略論に転化したのである。木戸の議論は、その主観的意図をこえて、明治大陸政策論の母胎となった。

（毛利敏彦「明治六年政変の研究」有斐閣）

これは大村益次郎—伊藤博文、山県有朋、桂太郎とひきつがれ、その流れは昭和期の戦中・戦後は岸信介の大アジア主義による「満州国建国」、戦後は東南アジアの盟主構想へと続き、二〇〇五年の今日の安倍晋三にいたっている——というのが私の意見である。

長洲派（主流）には、海舟や小楠を源流とし、樽井藤吉の「大東合邦論」（明治二六年）や堺利彦—山川均にいたる「日朝中連合・同盟」論はおよそない。

それは日本共産党におよび、長洲出身の革命家野坂参三、志賀義雄から次の宮本顕治らにもまったくなかった。少なくとも私が見聞したことはない。敗戦、出獄当時に、非転向の金天海は、徳田、志賀につぐ第三の序列であった。数年後彼が祖国へ帰国後はまったく消息不明となったが、党中央と彼等が何か調査したことは全くなかった。冷たいものである。彼の消息を追ったのは宮崎学「不逞者」（幻舎社）だけである。

神山茂夫だけは戦前の関東自由労働組合（約三千人と称した）の約半数が朝鮮人であったことから、日朝労働者の団結、朝鮮人労働者の労働条件向上、日当を日朝（女性も）同じ二円とせよと平等思想で闘った。

西郷と大院君が会っていたら――

勝海舟は大院君を「一世の偉人」といい、大院君は勝を「東海の英傑」と評価した。海舟の「氷川清話」には大院君がいかに大人物であったかについて何回も評され、西郷と勝が「肝胆相照らす」仲であったことがよく分かる。勝を介して西郷と大院君が会談していたら、という安の想像力はすばらしい。

〔安〕西郷さんがいわゆる「征韓論」に敗れ、参議を辞任して一カ月足らずのちに、朝鮮では大院君という人物が辞任しています。大院君というのは国王高宗の実父で、まだ幼くして王位についた息子に代わって、一八六三年から一八七三年まで十年間、執権職をつとめ、その間に欧米の艦隊を撃退した中心人物であり、いってみれば衰退する朝鮮王朝の儒教体制を再編成する使命感に燃えた人でした。同時に、執権職につくまでの彼は庶民性に富み、たいそう個性的な人物でもありました。

……先刻もお話ししましたように、西郷さんと大院君の思想的な回路というか、バック・グラウンドは非常に似通っているように思われるのです。西郷さんの場合も基本的には儒教的精神と無縁ではなかったし、欧米に対する反応の点でも一辺倒ではなく、したがって精神構造の基本にさほどへだたりがあったとは思えません。ですから、話が通じる余地は十分にあったと考えます。それにいま一つ、西郷さんは明治天皇と個人的に親しい間柄であったといわれていますね。そして、にもかかわらず天皇制絶対論者ではなかったと、つまり儒教世界の観念からする「天子」だとか「勅」だとか、朝鮮王朝政府が日本からの明治政府成立の通告にたいしてしめしたこだわりの意味を、十分理解し得る人物だったように思われるのです。

……そうですね。勝海舟の『海舟座談』にも登場しますね、彼は。非常に儒教的なナショナリストでありながら、また大衆性を持っていた人物ですが、端的にいえば極端な保守性と急進性をもっていました。だから、当時の支配階級である両班《ヤンパン》に与えられていた免税などの特権を取りあげるかと思えば、鎖国政策を固守するわけです。また、朝鮮王朝の再興を急ぐあまり、虚勢を張って王宮の建築などを図り、そのため民衆に重税を課するようになります。彼の天主教徒にたいする弾圧もこの鎖国政策と結びついたものでした。ですから彼のナショナリズムは清国から、大変疎まれることになり、壬午軍乱（一八八二年）が発生し、ふたたび彼が表舞台にかつぎだされたとたんに清国の天津に拉致されますね。勝海舟とは手紙のやりとりもあり、贈り物もしたりしていて、個人的につながりがあったようです。

朝鮮側がこだわる根拠

〔橋川〕そうすると「勅」という言葉の問題についても、西郷は交渉の際にはあまり強く口にしないということですか。

〔安〕はい、それが期待できたということです。朝鮮側は「天子」とか「勅」とか「天下」という字句を、日本国内で使用するのはご自由に、しかし、中華文明の世界こそは天下であり、それを支配しうる人物を天子とし、勅なる字句を使用するのにふさわしいのであって、日本一国をもってどうして天下と称しえようかといっているわけです。このように朝鮮側によって主張されている「天子」「天下」「勅」などの概念については、西郷さんもむしろ理解をしめしえたのではないでしょうか。そして、その主張を理解したうえで日本の政治体制が新しく変わったことの意味を、かえって朝鮮が納得できるように説明しえたろうと考えるわけです。

〔橋川〕実際にはそういう形で納得させることはなかった。

〔安〕とにかく強引に押しつける一方だったようですね。朝鮮側の文献によれば。くどいようですが、「天下」「天子」「勅」などの字句を日本国内で使用するのは自由だとはっきり言っています。また、幕府時代には外交文書の印鑑まで朝鮮側がこしらえてそれを使用することが慣例化されてきました。そうした形式のいっさいを踏みにじったことに朝鮮側はこだわっているわけですが、こうした問題についても合点がいくような説明や説得が日本側からなされた形跡は、私が知る限りいまのところありません。ただ侮辱されたということが大きく取りあげられているだけでして。

〔橋川〕そのあたりについては日本側の資料も少し見てみたんですが、全部、中途でやはり征韓論は正しいという説にすり替えられる傾向が強い。対馬藩の使節がどういうことをしたかということについても、それは当然のことをやったので、朝鮮側が理不尽にはねつけたのだという姿勢ですね。

〔安〕これは仮定のことになり、歴史には禁物ですが、もし、西郷さんが遣韓大使として朝鮮にでかけていたら、当然この人物に会うことになるわけで、それが実現していたら非常にドラマチックな展開がなされたのではないかと想像されますね。大院君は欧米と衝突した体験から、内面では儒教体制を守るためにも近代化への必要性を感じていたでしょうし、そのあたりで西郷さんの意見とどうからみ合ったかが興味深いところです。朝鮮王朝が明治維新政府成立の通告を拒否したというのは、字句の問題があるわけで、日本の国内問題として処理する場合にはそれはかまわないと朝鮮側は言っているわけです。

だから西郷さんがでかけて行って、国際情勢を解りやすく説き、国内情勢がこう変わったということを粘り強く説明していたら、双方とも思想的なバック・グラウンドとしては儒教的なものがありましたから、十分に話が通じる可能性があったのではないかと想像されます。

再び、朝鮮こそが日本の試金石

〔安〕三位一体的な展開への可能性として、西郷さんというのは力を持っていたんではないでしょうか。

王道のアジア主義は、まさに「明治六年政変」によってその現実的道は絶たれたのである。小泉・安倍ラインによって親米脱亜のもとに、覇道のアジア主義を中央突破しようとする今日、征韓論の歴史見直しを通じて日韓連帯を具体化することは、大西郷への鎮魂に通じるであろう。日本では明治いらい長らく「西郷＝征韓論」説が主流論であった。西郷を「代表的日本人」の第一にあげて大いに尊敬していた内村鑑三もまたそうであった。

朝鮮問題。ただ征服だけを目的として戦争を起こすことは、西郷の良心に反しました。東アジアの征服という西郷の目的は、当時の世界情勢をみて必然的に生じたものでした。日本がヨーロッパの「列強」に対抗するためには、所有する領土を相当に拡張し、国民の精神をたかめるに足る侵略策が必要とみたのでした。それに加えて、西郷には自国が東アジアの指導者であるという一大使命感が、ともかくあったと思われます。弱き者をたたく心づもりはさらさらなく、彼らを強き者に抗させ、おごれる者をたたきのめすことに、西郷は精魂を傾け尽くしました。その理想とする英雄はジョージ・ワシントンであるといわれ、ナポレオン一派を強く忌み嫌っていた態度よりみて、西郷が決して低い野望のとりこでなかったことがよくわかります。

もしわが国の歴史から、もっとも偉大な人物を二人あげるとするならば、私はためらわずに太閤と西郷の名をあげます。二人とも大陸方面に野望をもち、世界を活動の舞台とみていました。二人ともに同国人とはくらべものにならないほど偉大でしたが、二人の偉大さはまったく相反していました。太閤の偉大さは、思うにナポレオンに似ていました。太閤には、ヨーロッパの太閤に顕著なほら吹きの面が、その小型ながら、かなりあったのです。太閤の偉大さは、天才的な、生まれつきの精神によるもので、偉大をのぞまなくても偉大でありました。しかし、西郷は、そうではありません。西郷の偉大さはクロムウェルに似ていて、ただピューリタニズムがないためにピューリタンといえないにすぎないと思われます。西郷には、純粋の意志力との関係が深く、道徳的な偉大さがあります。それは最高の偉大さであります。西郷は、自国を健全な道徳的基盤のうえに築こうとし、その試みは一部成功をみたのであります。

明治の教育勅語を拒否し、日露戦争の挙国一致思想が吹きあれる中であえて反戦を貫いた内村鑑三にして、朝鮮問題はこの様にとらえられていた。明治以降の後発帝国主義国家形勢過程の日本人にとって最大の試金石だったのであり、現在につづく大きな仮題なのである。

毛利敏彦の画期的研究

注目すべきは、橋川文三が安宇植との対談をへて最終章「西郷隆盛の謎――毛利敏彦『明治六年

濡れ衣をほさんともせで子供等の
為すがまにまに果てし君かな
明治十二年九月二十四日

英雄の心と生き方を最も知るのはも一人の英雄である。

アジア主義の第一人者といわれた竹内好による「日本のアジア主義」が書かれたのは、一九六三年七月である。この時点では、松浦玲の勝海舟研究とくに明治期の海舟論も、安宇植と毛利敏彦による一頭地をぬきんでた分析研究も、それらをふまえた橋本文三の研究もなかった。幸いに私はこれらの西郷研究の果実を味わうことができる。そのうえで、私はあらためて勝海舟の西郷への熱き思いを想像するのである。

アジアを蔑視し隣国の民衆に敵対する「靖国の思想」が大手をふって再登場しつつあるいま、私たちはかつて先人たちが示した日・朝・中人民が仲良く歩く道を示した「王道のアジア主義」の大道を思い起こすべきではないかと考える。

著者略歴

樋口　篤三（ひぐち・とくぞう）

1928年、静岡県沼津市で生まれ育つ。44年、海軍甲種飛行機予科練習生（土浦―厚木）。戦後、横浜高商卒。47年民主革命に参加。48年3月産別・東芝堀川町労組書記局。以後、京浜労働運動、川崎生協、日本共産党専従などの中で、党から二回除名、資本などから五回首切り。

1975～86年「季刊労働運動」代表、「労働情報」編集人・全国運営委員長。現在、協同社会研究会共同代表、東久留米市民自治研究センター理事長、キューバ円卓会議共同代表、日本労働ペンクラブ会員など。

著書に『右翼「労戦統一」反対』（柘植書房、1981年）、『日本労働運動―歴史と教訓』（第三書館、1990年）、『めしと魂と相互扶助』（第三書館、2002年、労働ペンクラブ賞受賞）、『恒久平和の礎に―土中の骨 海中の白骨への鎮魂歌』(2005年、私家版、発売・同時代社）

靖国神社に異議あり ―「神」となった三人の兄へ

2005年8月15日　初版第1刷発行

著　者　樋口　篤三

発行者　川上　徹

発行所　㈱同時代社

〒106-0065　東京都千代田区西神田2-7-6

電話 03-3261-3149　FAX 03-3261-3237

印　刷　㈱小　田

ISBN4-88683-554-6